Daniela Escobar

CHANGE

Desapego, Paciência e Perdão

Confiando Na Nossa Intuição e Poder De Cura
Para Controlarmos a Nossa Saúde.

WeBook Publishing – Edição em Português

Para mais informações e pedidos acima de 10 cópias, envie um e-mail para info@webookpublishing.com

Copyright © 2025 Daniela Escobar

Copyright © 2025 WeBook Publishing

Edição em Língua Portuguesa do Brasil.

Primeira Edição

ISBN: 978-1-966892-05-2

LCCN: 2025936137

Escrito por Daniela Escobar

Coordenação & Revisão Final: Ana Silvani

Revisão Gramatical: Ana Alice Bueno

Capa: WeBook Publishing

Foto Verso da Capa: Fernando Louza

Diagramação: WeBook Publishing

Desapego, Paciência e Perdão.

TABLE OF CONTENTS

CHANGE

Não fomos educados para acreditar na capacidade do nosso corpo de se auto-regenerar se o nutrirmos da maneira certa.

Fomos condicionados a acreditar que nossa saúde depende de pílulas e de outras pessoas.

Fomos condicionados a acreditar que a cura está fora de nós.

A todos os que querem se sentir inteiros, saudáveis, mais fortes e independentes, e aos que prezam a liberdade de escolha, dedico este meu depoimento.

AS ESCOLHAS SÃO PESSOAIS

Eu quero compartilhar com vocês a minha trajetória de transformação. O porquê, mesmo sendo atriz por vocação e exercendo minha profissão ativamente, fui estudar medicina preventiva, Ayurveda, Nutrição Funcional, Prevenção de Doenças Crônicas com Base na Alimentação, e o porquê decidi trabalhar com isso profissionalmente.

Eu **queria saber exatamente o que causava os sintomas, alergias e doenças** que eu, meus familiares e amigos fomos tendo que encarar ao longo das nossas vidas, e como evitar.
Quando **sabemos o que causa, temos a escolha de evitar.** Enquanto conseguirmos evitar, nos mantemos saudáveis.
Acredito que devemos e merecemos ter o controle da nossa saúde em nossas mãos.
Um dos professores que passaram pela minha história, médico ayurvédico, Matheus Macedo, sempre repetia como um mantra que "SAÚDE É LIBERDADE".
Ele não poderia estar mais correto.
Com saúde somos livres e temos disposição para explorar o mundo e nosso potencial por completo.

Acredito que estamos aqui neste planeta para aprendermos com as histórias uns dos outros.
Então, que a minha experiência possa te inspirar a querer se proteger um pouco mais. Talvez ajudá-lo a não cometer os mesmos erros alimentares que eu, evitando, assim, doenças e condições similares.
Que te traga mais alegria, mais leveza, mais qualidade de vida.

Cada vez que algum dos meus amigos ou familiares fica doente ou precisa se submeter a uma cirurgia, meu coração aperta.

Quando vejo minhas amigas queridas fazendo dietas que nada mais fazem do que promover perda rápida de peso, para tão rápido quanto ganharem tudo de novo e com mais problemas ainda, gerados pela frustração e as óbvias deficiências nutricionais, meu coração aperta.

Quando estou em algum mercado fazendo minhas compras e vejo homens e mulheres com seus carrinhos lotados de biscoitos, refrigerantes, sorvetes, queijos, salames, iogurtes, carnes, molhos prontos, latas de alimentos que deveriam ser consumidos frescos, doces de todas as cores, em suas embalagens também muito coloridas e atraentes, meu coração aperta.

Meu coração aperta porque todos **esses produtos alimentícios, sem nenhum valor nutricional, só são consumidos, por décadas de muita propaganda bem feita, garantindo benefícios que não existem.**

Meu carrinho também já foi assim. Minha alimentação era baseada em doces, e as consequências foram aparecendo ao longo do meu caminho em forma de gastrites, alergias, fadiga, depressão, intestino preso, intestino irritado - IBS, câncer.

Tenho certeza de que muitos escolheriam diferente se tivessem mais informações sobre os danos que esses produtos causam.

Muitas vezes me deu vontade de abordar essas pessoas e dizer:

"Ei, não perde o tempo que eu perdi... Não come isso não que você pode ter um problema de saúde grave".

Esses problemas de saúde são inflamações silenciosas que podem demorar até mais de 10 anos para aparecer em algum canto do nosso corpo. Sim, pode demorar esse tanto, mas também pode ser mais rápido.

Mas não digo nada...

Minha experiência trabalhando como *Health Coach* com pacientes de várias idades tem confirmado que a maioria das pessoas fica muito irritada quando tocamos no ponto fraco delas.

Esse ponto fraco pode ser o que mais gostam de comer ou beber, pode ser os vícios e as mágoas que alimentam ao longo dos anos, pode ser o seu sedentarismo ou as histórias pessoais mal resolvidas que as mantêm ancoradas ao passado e das quais não abrem mão...

Não querem saber se isso vai causar danos a sua saúde física ou emocional, porque é a sua válvula de escape.

Já parou pra pensar quantas vezes preferimos o conforto das dores conhecidas do que apostarmos no desconhecido? Mesmo que esse desconhecido possa nos trazer uma vida mais leve e alegre?

Conheço muitas pessoas que sequer acreditam que seja possível reverter qualquer doença a partir do equilíbrio de suas emoções e de uma alimentação mais saudável - por mais que cientistas, pesquisas, médicos, depoimentos, documentários comprovem que sim.

No fim das contas, só mudamos mesmo quando a necessidade vem de dentro, não de conselhos externos.

Meu despertar não aconteceu de um dia para o outro.
Foi um processo longo e bastante solitário, porque a maioria das pessoas que eu conheci tinham por hábito só comer o que lhes agradasse o paladar, sem nunca questionarem de onde veio aquilo, como foi produzido, ou os possíveis danos que poderiam causar.
Quando os tais danos apareciam, recorriam à oração e à ciência com sua última geração de pílulas milagrosas, para consertar os estragos.

Aprendi que as escolhas são pessoais e fazem parte do nosso livre arbítrio, que cada um de nós terá seu próprio tempo para entender e querer aprender.
Por isso não dá pra forçar. Por isso é delicado dar conselhos.

Comecei minhas pesquisas com vinte e poucos anos e levei nada menos do que 30 investigando **as causas dos sintomas** que apareciam em mim e nos que estavam a minha volta, até descobrir que **ajustando** nossos hábitos alimentares **podemos evitar e reverter a maioria deles.**
Sim, podemos.

Não estou dizendo que é fácil. Estou dizendo que é possível.
Mudar hábitos, aliás, é uma das coisas mais simples e ao mesmo tempo mais difíceis da nossa existência. É o "milagre" que todos esperam, o "segredo" que todos buscam,
bem ali ao alcance da nossa decisão.

A decisão de viver uma vida sem lamentações. Sem preocupação com exames ou remédios.
Uma vida onde usamos nosso tempo e energia para realmente explorer nosso potencial humano e as infinitas possibilidades que essa existência nos oferece.

CHANGE

INFÂNCIA E A RELAÇÃO
COM A COMIDA

Quando eu tinha uns sete anos mais ou menos, um dia fiquei doente, tive febre e meus pais me levaram ao médico. Segundo minha mãe eu não estava "comendo direito", pois, em geral, "eu era difícil pra comer".

Não lembro detalhes dessa consulta, mas sim do médico com uma seringa na mão querendo me dar uma injeção e do pavor que eu senti.

Lembro de ter saído correndo do consultório e voltado sozinha pra casa, e ao entrar em casa de ter ido direto para a geladeira e comido o que encontrei pela frente.

O consultório era só a duas quadras de casa, o médico provavelmente era conhecido dos meus pais, pois eles ficaram lá descontraidamente conversando com ele.

Como ninguém foi atrás de mim, devem ter concluído que o que eu tinha não devia ser nada grave.

Não posso afirmar o porquê exatamente eu não estava comendo bem, **se eu estava precisando ou querendo chamar atenção dos meus pais por alguma razão**, ou se **o que eu estava comendo não estava de fato me caindo bem**.

Fosse por algum descompasso emocional ou fisiológico, o fato é que na minha cabeça de criança aquela agulha foi assustadora o suficiente, e gostando ou não do que encontrei na geladeira, mandei pra dentro e no dia seguinte eu estava boa.

Daquele dia em diante ficou gravado na minha memória que o ficar doente estava conectado com o não comer e com ter que tomar injeção.

De alguma forma a comida era responsável por estar ou não saudável.
No meu caso em particular, estar saudável significava passar longe de agulhas. Então, deduzi que eu precisava comer, mesmo que não gostasse.

Passei a "não ter mais problemas para comer".
Comia mais do que precisava e **mais por gula ou medo de adoecer do que propriamente fome.**

Na minha família se falava muito em "comer para crescer", "comer pra ficar forte", "comer pra ficar inteligente", "comer pra não ficar doente".
Só não se falava em **o que** exatamente deveríamos comer pra garantir esse crescer forte, inteligente e saudável. Então, bastava que comêssemos, que não fôssemos magrinhos, que estaria tudo bem.

Nasci no sul do Brasil, onde a vida era deliciosamente simples e comida nunca nos faltou.
Cresci com as casas das minhas duas avós ao alcance das pernas, com tias espalhadas por toda a cidade e as melhores cozinheiras que se pudesse desejar por onde quer que eu passasse. As refeições eram sempre frescas, feitas na hora, no almoço, no jantar e no lanche da tarde.
Nossos hábitos alimentares eram diretamente influenciados pela cultura Europeia. Italianos, Poloneses, Alemães e Espanhóis em sua maioria e pela economia predominante da região, que era a pecuária. Ou seja, muitas carnes de uma variedade de bichos diferentes, como ovelha, vaca, pato, perdiz, galinha, avestruz e porco.

Muita pasta, lasanha, nhoque, pizza, e peixes de água doce pescados na região, os do mar nos chegavam só congelados.

Saladas e verduras era quase nada. Aliás, salada mesmo só a de batata com maionese, acompanhamento do tradicional churrasco.

As sobremesas, que eram absurdamente deliciosas e em uma variedade incrível, eram também parte da tradição.

Depois do almoço e do jantar tinha sempre um doce. Muitas vezes mais de um.

Brigadeiro, quindim, ambrosia, Rei Alberto (uma taça com três camadas, a primeira era gelatina vermelha, a segunda era de creme inglês e a terceira de merengue firme), doce de abóbora com coco, torta de chocolate ou de morangos, sorvete napolitano - vinha em três camadas, creme, chocolate e morango - , doce de leite ou de goiaba com queijo, sagú com creme inglês em cima, abacate batido com leite condensado, manjar de côco, pudim de leite condensado, massa folhada, queijadinhas (uma miniatura do cheesecake), só para citar os mais comuns... Tudo isso regado a muito refrigerante ou aqueles sucos prontos de envelopes que é só misturar com água. (= açúcar + corante)

Eu sempre gostei mais dos doces do que dos salgados.

Sem ter consciência alguma, fui aos poucos viciando meu organismo ao açúcar e à gordura hidrogenada.

E o que a gente fazia em uma cidadezinha pequena onde só tinha um cinema que funcionava só nos finais de semana? A gente comia!! Brincávamos muito pelas ruas da cidade, visitávamos os amigos e familiares e **comíamos**!

Em todos os lugares e situações.

Uma visitinha no meio da tarde era sempre regada a bolos, tortas, pães quentinhos e todas as guloseimas que mencionei acima.

O que além de demonstração de carinho pelas pessoas, era também demonstração do receber bem, de educação.

Não se concebia receber sem oferecer algo para comer. E era tudo muito gostoso, feito com maestria e na hora.

Comer também ficou gravado na minha memória como sinônimo de afeto, de cuidados, de carinho, de educação e de bons momentos em família.

Sabe aquela triste história de ter passado fome na infância, de ter que dividir um bife ou um ovo com dois ou mais irmãos, que é infelizmente a realidade da metade da população do nosso planeta?

Pois a minha história foi o oposto disso, foi marcada pelo excesso.

Na minha história, assim como a de todos que conheci na minha infância e adolescência, e como é a realidade da outra metade do planeta, teve comida o suficiente. Mesmo para os com condições financeiras bem limitadas.

Em se tratando de saúde, fui aprender bem mais tarde, **o excesso é tão nocivo quanto a falta**.

FILHOS DE PAIS MUITO JOVENS

Minha mãe e meu pai se tornaram pais com 20 e 25 anos respectivamente. Por mais boa vontade que tivessem, e sei que tinham, precisavam provar para si mesmos e para os seus familiares que eram capazes, que eram maduros e tinham ainda que construir suas carreiras enquanto supriam as expectativas da sociedade local.

Pela necessidade de dar conta de tudo isso, com apenas 20 anos de idade, não foi possível que prestassem atenção a detalhes que teriam sido importantes para que os filhos crescessem sem lacunas emocionais ou deficiências nutricionais. O que acontece em 90% das famílias quando têm filhos muito cedo.
O mais importante era prover segurança e alimentação.

Em nossos vinte anos, quando podemos pagar, experimentamos tudo o que nos agrada o paladar. Escolhemos o que vamos comer simplesmente pelo prazer imediato e não exatamente pelo o que seria o mais saudável. Os hábitos alimentares são facilmente copiados e repassados adiante para a geração seguinte. Principalmente quando se tem a geladeira farta.

Escolhemos também pela praticidade.
É mais fácil para os pais que trabalham e passam o dia fora ter na geladeira produtos alimentícios que os filhos possam pegar e comer sem precisar usar o fogão, como iogurtes, pudins, geleias, achocolatados, pães, queijos e presunto para fazerem um sanduíche, etc. E na minha casa não era diferente.

E é aí que a indústria alimentícia se aproveita e nos dificulta a vida. Com a conivência da publicidade e propaganda, dos órgãos que deveriam regular o que é saudável ou não e dos próprios governos, que promovem esses produtos como saudáveis e, ainda pior, como indispensáveis para o crescimento das crianças.
A verdade é que nada disso é saudável.
As consequências vão aparecer só muito mais tarde em forma de alguma doença crônica, e raro será o médico que conseguir juntar os pontos e relacionar com a alimentação
da infância.
A menos que o problema tenha sido consequência da inanição.

Os meus primeiros 10 anos de vida foram regados a muita gordura animal e hidrogenada em todas as suas formas. Carnes de vacas, de ovelhas, de galinhas, e leite e seus subprodutos eram a base da nossa alimentação.

Os ovos e o leite nos chegavam ainda mornos, pois tinham sido recolhidos naquela mesma manhã, pelo leiteiro, não por máquinas grudadas às tetas de vacas confinadas em espaços que não lhes permitem sequer dar um giro de 360° no próprio lugar, como acontece hoje em dia.

Os pães da padaria da esquina saíam de hora em hora e os únicos ingredientes eram sal e água, além da farinha. O arroz era também plantado a menos de 50 quilômetros da nossa porta.
Abatiam uma vaca ou uma ovelha do nosso campo e ela vinha diretamente para o nosso freezer, suprindo a demanda da família, e só abateriam outra quando a carne daquela anterior tivesse sido toda consumida. Não havia desperdício.

A diferença básica entre aquela época - meio século atrás - e hoje, é que os bichos eram criados livremente nas fazendas da redondeza, se alimentavam de pasto natural e cresciam a seu tempo e não confinados e à base de ração e injeções de hormônios para crescerem em semanas o que deveriam levar meses ou anos, com o exclusivo intuito de suprir a demanda dos mercados e dos bolsos dos produtores.

Em seu habitat natural esses animais se alimentariam de pasto.
Capim.
Eles não digerem bem ração de soja ou milho, que é como são alimentados nas grandes fazendas hoje em dia. Isso lhes causa infecções e inflamações no estômago e intestinos.
Para tratar essas inflamações e infecções, lhes enchem de antibióticos.
Esses antibióticos e hormônios ficam na carne que comemos nos causando, por tabela, inflamações silenciosas e variadas.

A criação de gado se desenvolveu de maneira gananciosa e violenta. Nas grandes cidades, mascaram a realidade dessa indústria publicando que são "gordura de qualidade", "galinha feliz", "happy eggs", "vaca feliz", etc., o que nada mais é do que uma publicidade bem elaborada para justificar e encobrir a realidade atual sobre como esses animais são criados, explorados e manipulados até chegar a nossa mesa.
Para que as pessoas continuem consumindo sem sentir culpa, ou sequer pensar a respeito.
Mas a tortura animal já é outro assunto. Por enquanto quero falar sobre como esses subprodutos afetam a saúde dos humanos, como afetou a minha...
E mesmo esses produtos sendo mais frescos, eu tive aftas constantes na boca e muita prisão de ventre durante a minha infância inteira.

A CIDADE GRANDE

Quando nos mudamos para Porto Alegre, "a cidade grande", toda a comida que chegava à nossa mesa vinha dos supermercados.

Tudo agora era pasteurizado e provavelmente congelado antes de aterrissar nas gôndolas dos mercados, pois pelas datas estampadas nos produtos tudo tinha sido embalado há mais de 3 meses.

Os grandes mercados precisam "honrar" seus anúncios e manter seus estoques em dia, mesmo que os produtos não sejam consumidos.

O que, além de gerar um enorme desperdício de alimentos, faz com que nada mais seja fresco.

Vocês não fazem ideia do que é adicionado em todos os produtos derivados de leite e nas carnes para que durem nos mercados com aquela aparência vermelhinha de sangue novo.

Porto Alegre é a capital do estado do Rio Grande do Sul e era considerada mercado teste. A ideia que nos foi vendida era a de que éramos "consumidores com altos níveis de exigência". Se tal produto fosse absorvido pelo mercado de lá, estava "aprovado para ser comercializado em todo o Brasil".

Isso significava uma variedade contínua de novos produtos alimentícios industrializados - e nada saudáveis - todos os meses à nossa disposição nos grandes mercados.

Na prática éramos, na verdade, as cobaias.

Experimentávamos tudo nos sentindo "privilegiados" por termos ao nosso alcance tantas opções diferentes.

Achávamos tudo uma delícia e íamos incorporando aqueles produtos ao nosso dia a dia.

Não demorou muito para a geladeira estar recheada de iogurtes de todas as cores e sabores (artificiais), biscoitos recheados variados e refrigerantes de todas a cores e sabores, também artificiais, como são até hoje.
Naturalmente fomos nos distanciando da qualidade e das quantidades necessárias para nos manter simplesmente saudáveis.

É muito comum eu ouvir: "Ah! mas a minha avó comia pão todos os dias (ou café, ou vinho, ou queijos, ou leite, etc...) e viveu até os 90 anos... Pois é, mas isso há quantos anos atrás?? E seus pais? E você e seus amigos, desta geração dos ultraprocessados, acha que vão viver até que idade? E com qual qualidade de vida e saúde? Vão morrer dormindo? De morte natural ou cheios de tubos
em um hospital?
Falar dessas avós é falar de mais de meio século atrás. Não existia, na época das nossas avós, milhares de pessoas com câncer aos 20, 30, 40 anos de idade.
O número de diabéticos não era nem a metade do que é hoje, nem de mortes por problemas cardíacos. As farinhas não eram adulteradas, nem os animais que forneciam as carnes. Os alimentos não eram transgênicos, nem o estresse era tão forte como nos dias de hoje. Essas avós ainda comiam produtos frescos e de verdade. Muitos faziam seus próprios queijos e iogurtes em casa.
Então, é óbvio que as pessoas viviam com mais qualidade de vida.
Hoje tem muito mais pessoas adoecendo com menos idade do que 50 anos atrás...
De lá pra cá, o que vendem nos mercados dentro de caixinhas com o nome de leite, nem leite mais é. Se fosse, estaria dentro de uma geladeira e não no corredor comum e

sem refrigeração. E apodreceria em, no máximo, três dias, fosse aberto ou não.

Quantos dias esse produto fica hoje nas prateleiras dos supermercados, sem nem estar sob refrigeração? Já pensou nisso?

"Ah, mas é a tecnologia da caixinha que protege o leite".

E você sabe a quantidade de químicos que tem lá dentro daquela caixinha para impedir que essa mistura branca que nos vendem como se fosse leite apodreça e a caixinha leve a fama de super tecnologia? Você sabe o que esses químicos fazem com nossa saúde?

Quais doenças crônicas eles vão "alimentando" dentro de nós ao longo dos anos, para um dia culparem a nossa genética?

Nossa geração e a dos nossos filhos não terão a mesma sorte dessas avós que morreram com 90 anos comendo de tudo. A menos que vivam em uma fazenda se alimentando do que produzirem lá mesmo, sem comprar produtos alimentícios ultraprocessados de supermercados.

Nessa época é claro que eu não sabia, como a maioria dos seres a minha volta, de nada disso, e nem me passava pela cabeça querer saber. As aftas continuavam me torturando e o desafio era descobrir um remédio que fizesse arder menos.

Dica:
Olhem sempre a data de fabricação ou que foi embalada a mercadoria, para saber exatamente quanto tempo o produto está ali dentro daquele pacote. Isso vai te ajudar a decidir se você quer mesmo colocar em seu corpo algo que está parado ali há muito tempo.
Nada que não seja fresco nutre de verdade.

28

A PRIMEIRA DIETA

Aos 16 anos fiz minha primeira dieta. Um dia, ao tirar a roupa pra entrar no banho, me olhei nua no espelho que tinha atrás da porta do banheiro e reparei que eu estava bem gordinha. Não gostei da imagem que vi. A barriga tinha 3 pneuzinhos largos, e as coxas grossas roçavam uma na outra e assavam a pele quando eu usava shorts ou minissaia. Decidi mudar.

Tirei de uma revista uma dieta que provavelmente estava na moda no início dos anos 80, ensinando como perder peso para ficar em forma para o verão.
Perder peso era para entrar na calça jeans apertada, ou para botar biquíni na praia no verão. O objetivo era sempre a estética e não a saúde.
Dei a página da dieta para a Margarida fazer pra mim. Margarida era a nossa cozinheira, arrumadeira, lavadeira, babá, anjo da guarda e fazia tudo o que eu pedia pra ela, com muito carinho.
O prato era uma porção de proteína animal (um bife de vaca, peixe ou frango grelhados), uma porção de grãos, uma de legumes e uma de verduras.
Até então eu nunca tinha comido uma salada na vida, não tinha o hábito.
Lembro até hoje das caretas que fiz quando comi cenoura e beterraba puras pela primeira vez, fechando o nariz e repetindo como um mantra que aquilo "era uma delícia", que eu adorava, que era bom.
Me apliquei neurolinguística por pura intuição, sem saber ainda da existência dessa técnica. E deu certo.

Nessa fase troquei as carnes vermelhas bem gordas por carnes magras, o que sinceramente achei que nunca seria possível. Incorporei o hábito de comer legumes, cortei o Miojo e o misto quente do lanche da tarde, substituí o pão branco pelo integral, e o leite com com açúcar e chocolate em pó e o refrigerante por sucos de frutas de verdade.

As frutas sempre estiveram ao alcance da nossa mão, nós é que preferíamos os sucos artificiais só por serem uma novidade trazida pelas propagandas da televisão. Assim como os doces...
Que infelizmente continuaram firmes n
o cardápio do dia.

Eu tinha cortado os bolos, mas ainda comia as tortas recheadas com muito leite condensado, brigadeiros, chocolates, e os iogurtes que sempre foram coloridos artificialmente, nos dando a impressão de ter alguma fruta
de verdade ali dentro.

Os doces caseiros da minha infância deram lugar aos industrializados com seus quilos de açúcar a mais, cores e sabores elaborados para nos fazer viciar.

Essas pequenas mudanças, mesmo que longe do ideal, me ajudaram a perder os quilos a mais.
Meu corpo de adolescente melhorou muito e pude vestir um biquíni pela primeira vez sem me sentir mal.
O que foi bom para minha autoestima.

Também comecei a fazer ginástica em uma academia, outra coisa que nunca tinha feito antes.

Eu fazia balé clássico desde os 5 anos de idade, mas nunca tinha feito nenhum tipo de exercício aeróbico ou musculação. Posso afirmar que não gostei.

A música e o ritmo me pareciam sempre mais acelerados do que os limites do meu corpo. Não tinha prazer, não suava, e ficava sempre dolorida no dia seguinte. O que me fazia desanimar de voltar.

Mas foi o primeiro passo de uma longa jornada de autoconhecimento, o começar a testar dentro desse universo novo o que funcionava ou não pra mim.

MARGARIDA.

PRIMEIRO CHOQUE DE REALIDADE

Nesse mesmo ano também entrei para a faculdade de Comunicação Social - Publicidade, Propaganda e Marketing, porque "fui educada para fazer uma faculdade séria".
Eu já sabia que a carreira de atriz seria a principal, que essa era a minha vocação, o que eu me enxergava fazendo para o resto da vida. Só não sentia que podia dividir meu desejo de ser atriz com meus pais, até me tornar uma de fato. O que só aconteceria quando pudesse me mudar para o Rio de Janeiro, depois que tivesse dezoito anos - quando já fosse "maior de idade", quando seria considerada adulta, capaz de tomar minhas próprias decisões e pudesse decidir o que fazer com a minha vida.

Na minha ingenuidade de menina adolescente do interior que não sabia como funcionava a televisão, eu acreditava que existia um departamento que filtrava os comerciais que iriam ao ar. E escolhi esse curso na ilusão de que os que eu considerasse muito ruins estariam com seus dias contados.

Logo no primeiro ano de faculdade aprendi que não é assim que funciona. Basta que o cliente pague para seu produto veicular no determinado horário, não importando a qualidade da peça publicitária. Pagou, vai veicular de qualquer maneira.
Eu era fascinada pelos comerciais de televisão e não suportava assistir aqueles onde berram ofertas com a voz muito acelerada, como os dos varejões, e adorava os com música e imagens muito bonitas, como eram os dos comerciais de cigarros. Sorte a minha que nunca gostei nem do cheiro dos cigarros.

No segundo ano do curso ficou muito claro que tudo o que eu via na televisão era basicamente falso. Todas as propagandas que eu assistia na TV eram o resultado do trabalho de cabeças criativas, que como a minha, tinham aprendido como fazer aqueles produtos parecerem o que não eram, com o exclusivo intuito de vendê-los mais.

Era só ter o *briefing* nas mãos e inventávamos logotipos e logomarcas novas com cores e texturas mais interessantes e mais atraentes. Indicávamos a música dramática adequada para induzir o espectador a embarcar na ideia.

Estampadas nas embalagens, colocávamos também as promessas do porquê não se poderia viver sem aquele tal produto. **Sendo verdade ou não, pois ninguém iria verificar nem contestar. Até hoje é assim.**

Me dei conta, como consumidora, que eu estava sendo enganada. E que estava me tornando uma expert em enganar os outros consumidores também.

Fiquei revoltada.

De que jeito eu poderia seguir nessa profissão? Como eu ia aceitar ser paga para enganar os outros? Como que essa profissão podia ser legal? (legal do ponto de vista jurídico). Mas é. E o mundo gira em torno da propaganda hoje mais do nunca. Seja ela enganosa ou não.

Entendi aos 18 anos como girava a roda da indústria, do comércio, do lucro, e me senti absurdamente frustrada.

Passei a ver comerciais de TV com desconfiança, a suspeitar de todos aqueles produtos, e a ler as bulas e composições dos produtos com muita curiosidade e atenção.

Só não tinha aprendido ainda a ler rótulos dos produtos alimentícios, coisa que só se tornou hábito 30 anos depois...

Ouvi muitas vezes dizerem que a profissão de ator é enganar o espectador. Discordo. Não é verdade. Os atores interpretam situações cotidianas em uma obra de ficção, todos sabem (ou deveriam saber) que é ficção, que é entretenimento.

A publicidade, sim, é que, na sua grande maioria, engana e sabendo disso. E por dinheiro só.

Quando você paga por entretenimento não está sendo lesado.

Quando a gente paga por um produto que não contém o que a embalagem vende, podemos ser muito lesados.

Se for um alimento ou remédio, então, esse prejuízo pode nos custar a saúde e até a nossa vida, dos nossos familiares e amigos queridos.

A publicidade enganosa mais prejudicial é justamente a produzida pela indústria alimentícia.

INDO ATRÁS DO SONHO PROFISSIONAL

Aos 19 anos de idade me mudei para o Rio de Janeiro e nesse mesmo ano tive minha primeira gastrite.

Morando sozinha no Rio, já fazendo teatro, terminando a faculdade de Comunicação, mas totalmente desiludida com meu plano B (a publicidade), a urgência em começar a carreira de atriz veio forte.

O Rio de Janeiro era, naquela época, a "Hollywood" do Brasil. A cidade onde tudo acontecia no mundo das artes e de bônus tinha praias lindas, o clima gostoso com sol o ano todo - mais ou menos como o clima de Los Angeles, porém bem mais úmido. Era onde eu passava as férias de verão desde criança, na casa da tia mais animada e cosmopolita da família.

Eu me sentia mais à vontade nessa cidade, onde as pessoas pareciam ser mais informais e despojadas, no jeito de ser e de vestir. Me pareciam até mesmo mais alegres. Eu tinha certeza do caminho escolhido, mas não tinha consciência, na época, da pressão invisível que eu mesma me impus.

Eu não queria pedir dinheiro aos meus pais de jeito nenhum para que não houvesse qualquer tipo de cobrança.

Tinha que provar a eles que atuação era uma profissão séria e provar que eu era capaz de construir e me sustentar com a carreira que escolhi. Que eles pensavam que seria como publicitária. Eu tinha que ganhar meu próprio dinheiro e não podia perder tempo.

Foquei em ir atrás de trabalho. Mas, por onde começar? Como uma aspirante a atriz ganharia dinheiro antes de fazer o primeiro trabalho em teatro ou cinema?

Fazendo justamente publicidade.

Eu estava desencantada com a possibilidade de me tornar uma publicitária, por uma questão de ética e respeito ao consumidor, nos quais eu me incluía, e o caminho para começar a minha carreira de atriz seria justamente botando em prática os meus dotes artísticos para convencer o consumidor que o tal produto que eu apresentaria, funcionava, era maravilhoso, mesmo que não fosse.

Naquela época não existiam agentes de atores, só agências de modelos e produtores de elenco associados a essas agências ou às produtoras que produziam os comerciais.

O meu primo me indicou uma agência onde um amigo seu era fotógrafo, eu precisaria de fotos para ter acesso aos testes de comerciais com texto, coisa que a maioria das modelos não conseguia fazer. E ver se dava "a sorte de ser notada" em algum comercial.

Então, eu não iria mais inventar profissionalmente o comercial, mas iria profissionalmente fazer o público acreditar que um determinado produto era bom, mostrando bem a minha cara??!! Ironia do destino...

A primeira decisão importante que tive que tomar sozinha: Me convencer que seria o meu trabalho de atriz, que eu não era a dona daquele produto, portanto não tinha responsabilidade sobre ele, e precisava pagar as minhas contas.

Precisar pagar contas mudou minha perspectiva. E aprendi que, gostando ou não, esses dois mercados são entrelaçados, um se alimenta do outro. Um sustenta o outro.

Nesse período, eu ainda não tinha a menor ideia que o nosso emocional está diretamente ligado ao funcionamento do nosso estômago. Nem do quanto o estresse influencia a nossa digestão. E que quando estamos estressados nosso estômago literalmente para de digerir.

Sabe aquela sensação do "coração batendo na boca", e do "parece que tenho uma bola no estômago"?
Certamente você ouviu alguém falando assim quando passou por uma situação em que estivesse bastante alterado.
Isso não é linguagem figurada, é exatamente o que acontece no nosso organismo quando estamos tensos, estressados, alterados por uma briga, quando estamos furiosos com alguém ou algum acontecimento.

- Os nossos batimentos cardíacos aceleram.
- A pressão arterial aumenta.
- A respiração acelera.
- Os hormônios que provêm energia imediata (adrenalina, noradrenalina e cortisol) são liberados no nosso corpo.
- Fluxo sanguíneo se desvia da digestão indo para nossos braços e pernas.
- **E o sistema digestivo desliga, para de funcionar.**

Isso acontece porque nosso cérebro entende que estamos em perigo e precisamos correr ou lutar para nos defender. Ele não diferencia o estresse real do imaginário.
Por exemplo, se você tivesse que fugir de um urso (realidade mais Norte-Americana) não teria tempo de digerir o sanduíche que acabou de comer, ou se estivesse sendo assaltado em uma esquina qualquer da sua cidade (realidade mais Brasileira), não vai igualmente ter tempo de digerir o delicioso almoço ou jantar que acabou de comer. O mesmo acontece em situações de discussões fortes, brigas e até quando assistimos a um filme de terror.

O processo da digestão só acontece quando a gente volta a estar calmo, tranquilo o suficiente, pois o cérebro entende que o perigo passou.

A gente precisa digerir bem também as emoções, não só a comida.
Por isso os exemplos do filme de terror, uma discussão, ou mesmo uma forte decisão a ser tomada que nos queima por dentro ou tira o sono, que não representam um perigo real, mas que igualmente nos afetam fisicamente a ponto de paralisar nossa digestão.

Nessa época eu não sabia disso e eu também não sabia cozinhar.
"Não tinha tempo" pra aprender e, mesmo que soubesse, cozinhar só pra mim naquele início de vida não tinha graça alguma, então eu comia na rua mesmo, o tempo todo.
Era mais fácil e mais rápido.
As lanchonetes com sucos feitos na hora e dezenas de opções de sanduíches "naturais" estavam por todas as esquinas da cidade e me davam a falsa impressão de estar comendo saudável.

No Rio, eu agora tinha os amigos das férias, que tinha conhecido através dos meus primos, e tinha os novos que fui fazendo na faculdade e nos cursos de teatro. Não demorou muito pra eu começar a curtir a cidade, sentar em bares para tomar chopp e comer bolinhos de bacalhau fritos, batatas fritas, aipim frito, lulas fritas, camarão frito, peixe frito e por aí fora...
Era fritura que não acabava mais e eu achava tudo uma delícia.
Nessa mesma época descobri a culinária Japonesa com seus sushis e sashimis e foi um caminho sem volta.
Os sorvetes ganharam espaço cativo no meu estômago. O clima muito mais quente, quase que o ano todo, ajudava.
Minha vida se dividia entre peixes crus ou fritos. Com muito sorvete. Diariamente.

Somando esse óleo todo à urgência de construir a carreira, o resultado foi a gastrite.
Meu estômago doía muito e eu tinha muita prisão de ventre.
Às vezes ficava até 3 dias sem fazer cocô.
Fui ao médico. Não podia ficar doente, não podia parar de trabalhar, nem de estudar e não queria agulhas
perto de mim.
Ele me passou um remédio que era tarja preta e, ao ler a bula, me assustei, pois os efeitos colaterais praticamente me causariam 10 vezes mais problemas em outros órgãos vitais do meu corpo do que consertar um, que era o estômago.
Mas tomei. Minha necessidade de estar saudável me levou a acreditar nele e por algum tempo tomei.
Eu não tinha conhecimento algum sobre as causas da gastrite, e tampouco o médico, com mais de três diplomas pendurados em sua parede, conseguiu me dizer o que a estava causando e nem como evitar.
As únicas recomendações dele foram evitar café, álcool e refrigerantes. Café eu não tomava, porque me causava taquicardia além da dor de estômago imediata, o que eu considerava uma benção, e refrigerantes eu tinha parado aos 16 anos, naquela primeira dieta da vida e desde então tinha tomado nojo pelo gosto.
Então, o que estava causando a minha gastrite?
Fiquei sem saber.
Ele não me perguntou nada sobre meu estado emocional, como era ou como estava a minha vida, e mesmo assim receitou um remédio tarja preta a uma garota de 19 anos.
As gastrites e a prisão de ventre me acompanharam pelos anos seguintes.

Nessa vida tem os que comem demais e os que comem de menos.

Os que comem menos, enfrentam problemas de saúde graves em consequência dessa insuficiência.

Os que comem demais também enfrentam problemas de saúde físicos e emocionais tão graves quanto. Mas pouco se fala disso.

Explorar a fome sempre foi mais lucrativo do que prestar atenção aos problemas emocionais.

Enquanto quem passa fome "não tem tempo de ter problemas emocionais", quem come demais é porque com ou sem tempo, os problemas emocionais já estão instalados e afetando seu equilíbrio funcional, e é exatamente por isso que comem demais.

CHANGE

OS SABORES DA FRANÇA

Aos 23 anos já tinha passado pela segunda decepção amorosa da minha vida e estava sofrendo mais do que o necessário.
Resolvi que precisava focar em algo do qual dependesse a minha sobrevivência para não pensar na criatura em questão e decidi ir morar fora do Brasil pela primeira vez.
Queria aprender inglês, queria ler os autores que eu estudava e ver os filmes que eu gostava na língua original, e nada melhor do que imersa na cultura.
Comentei com amigos sobre os meus planos e um deles me sugeriu ir para a França. Não tinha pensado na França, queria ir pra Londres ou USA. O Inglês era o objetivo.

"Como eu não falava uma só palavra de Francês, precisaria focar em estudar a língua 24 horas por dia para poder me virar sozinha na cidade. Para comer, me locomover e estudar teatro e cinema, para não interromper o que eu já vinha fazendo".
Argumento mais que válido. Me convenceu.
Nada melhor do que mudar o foco e de cenário, para as dores não tomarem uma proporção maior do que tem.
Precisei pedir ajuda financeira ao meu pai, que me colocou em um intercâmbio. Fui matriculada na Aliança Francesa e morei com uma família de franceses.
A cidade escolhida foi Paris, e lá, além de ter descoberto uma arquitetura deslumbrante, livrarias incríveis, 300 opções diferentes de filmes em cinemas todas as semanas, que foi o que mais me encantou na época, eu descobri também a culinária francesa. A "Pâtisserie Française, et Les Boulangeries" dos Deuses com seus "Pain au Chocolat", "Le Macarons", "

Les Croissants Aux Amandes", quentinhos, crocantes, os cremes de marrom e os crepes com Nutella por todas as esquinas da cidade.

A beleza arquitetônica da cidade, os museus e sua arte, as pessoas, a educação, o estilo de vestir, de ser, as livrarias, as pontes, o povo lendo livros no metrô, ônibus com ar-condicionado e carpete no chão e jamais carregando mais do a capacidade de pessoas sentadas!
Aquilo tudo fazia tanto sentido. O conforto dos cidadãos era garantido. Isso não deveria ser a regra em todos os lugares??
Me apaixonei pela França e pelo estilo de vida dos Franceses.

Em poucos meses eu fui transformando meu jeito de vestir, cortei meu cabelo, que sempre tinha sido bem comprido, na altura dos ombros pela primeira vez.

Entendi que o conforto é o que melhor traduz a elegância.

Mas voltando a falar de comida...
Os vinhos franceses eram os melhores que o meu paladar já tinha experimentado até então. E os queijos?
ah... os queijos...
A parte salgada da culinária Francesa tinha muito em comum com a culinária Gaúcha, os cozidos, os assados - o "Croque monsieur" era o nosso misto quente - mas o sabor dos doces, dos pães, dos queijos e dos vinhos eram únicos e irrecusáveis.
Engordei, claro. E adquiri hábitos alimentares que não me favoreceram muito.

ESCOLHAS EMOCIONAIS

De volta ao Brasil, eu me casei pela primeira vez.
Exatamente com a criatura causa/motivo da segunda decepção
amorosa e a quem eu amava com toda a força do
meu coração.
Embora apaixonada e certa de que passaria o resto da minha
vida ao lado dele, o choque cultural, França - Brasil, mexeu
muito comigo e passei os primeiros três meses em depressão,
trancada dentro de casa. Voltei por ele, por nós.
Se ele tivesse topado ficar morando lá comigo, grande era a
possibilidade de estarmos juntos até hoje.
Eu, com certeza, teria sido muito, mas muito feliz.

O *business* do meu marido era restaurantes, e nosso lazer,
experimentar restaurantes e pratos novos.
Com ele eu já tinha aprendido a conhecer e apreciar bebidas
alcoólicas. Qual coquetel se bebia de entrada, qual era o vinho
mais apropriado para acompanhar cada tipo de prato, as
bebidas que combinavam mais com os dias frios de inverno e as
que combinavam com os pratos e dias quentes
de verão.
O licor que acompanhava a sobremesa e o digestivo no final de
tudo que bebíamos junto com o cafezinho ou chá.
Os vinhos do Porto eram os meus preferidos, os tintos frutados
e os licores bem doces e também as batidinhas com
frutas e leite condensado.
Tinha descoberto o mundo do álcool e tomado gosto
pela coisa. Apesar da minha baixa tolerância ao álcool...

Eu não podia tomar mais do que 3 copos ou doses de qualquer bebida que já ficava bem alegre. Se tomasse o próximo cálice de vinho, a quarta caipirinha ou batidinha de coco, estava bêbada, tudo girava dentro da minha cabeça e eu vomitava.
Nunca esqueci de uma ocasião em que tomei a quarta dose e, com o mundo girando, disse em voz alta que ia morrer, eu estava na casa da minha sogra, que apareceu no corredor e falou: "Não vai morrer não, minha filha, vai é acordar sentindo muita vergonha amanhã de manhã". Ela não podia estar mais certa. Ela sabia do que estava falando. Daquele dia em diante passei a respeitar meus limites.
E fui tomando pavor pelos excessos de álcool à minha volta. Percebi que não era do álcool que eu gostava e sim da alegria de estar com aquelas pessoas, e que não precisava da bebida para me sentir assim.

Nessa fase, minha carreira de atriz começava e eu só pensava em me capacitar o máximo possível para cavar meu espaço no mercado de trabalho.
Fazia um curso atrás do outro e testes em todos os cantos da cidade, todos os dias. Eu precisava ter certeza de que era boa atriz antes de dar a cara a tapa na televisão e optei por fazer teatro primeiro. Se eu me garantisse no palco, as câmeras seriam mais fáceis.

Por acreditar que não podia perder tempo, continuava só comendo na rua e em quantidades sempre maiores do que precisava.

Toda a minha ansiedade era apaziguada com doces, e nessa fase, quanto mais franceses, melhor.
Por "quanto mais franceses melhor", entenda muita manteiga, muito açúcar e muita farinha de trigo nas receitas.

O que tanto no Brasil quanto nos USA se traduz por muita gordura hidrogenada - o substituto bem mais barato para a manteiga - que vai grudando e nos entope por dentro.
Nessa idade, vai nos entupindo aos poucos, mas constantemente até um dia inflamar...

Nada melhor para trancar um intestino do que pães e queijos.
Quanto mais cremosos, melhor...

E eu já não vivia sem os croissants (= farinha branca + quilos de manteiga + fermento em pó + sal +açúcar), o queijo Brie, e o resto todo que experimentei em minha estada
na França.
E as gastrites, aftas e o intestino preso continuavam constantes.

INFLUÊNCIA ASSERTIVA

Um dia comentei com minha amiga Gabriela sobre minha constipação recorrente e ela me convidou pra conhecer o SPA da mãe dela, o MARIA BONITA, cuja filosofia alimentar era o Higienismo.

O programa de desintoxicação tinha a duração de uma semana e lembro do desconforto que senti só de imaginar ficar restrita a porções mínimas de saladinhas e não poder comer meus chocolates.

Nunca passei fome na vida, mas uma sensação, ancestral talvez, me sinalizava sempre levar algo na bolsa quando saía de casa, hoje levo sempre uma fruta, geralmente bananas ou maças, por serem mais práticas, mas nessa época aqui levava chocolates mesmo.

Lembro que ela, rindo muito, disse que eu poderia comer na cozinha com as terapeutas, onde os pratos não vinham para a mesa já montados nas porções adequadas e eu poderia repetir, se quisesse. Achei que assim conseguiria fazer, aceitei e lá fomos nós para a experiência que seria o ponto de partida na minha jornada de autoconhecimento alimentar.

Dentro da filosofia higienista, **alimentos enlatados são** considerados **produtos alimentícios sem nenhum valor nutricional**, cheios de químicos para durar mais nas prateleiras dos mercados e evitar que o conteúdo da lata apodreça.

O Higienismo também condenava qualquer tipo de embutidos. Salsichas e linguiças eram considerados subprodutos alimentícios e os responsáveis por várias doenças e nada saudáveis para o consumo humano.

Hoje todo o mundo já sabe que salsichas são a causa número 1 do câncer infantil nos Estados Unidos. Mas pouco se divulga no resto do mundo ainda. E os *hot dogs* ainda fazem parte do menu oficial das festinhas infantis.

Na metade da semana eu já estava comendo no salão principal junto com as "spazianas" as porções planejadas, que eram suficientes para matar a fome e só repetia - na cozinha - o sorvete que elas faziam lá mesmo, de fruta pura congelada e nenhum outro ingrediente. Que era surpreendentemente delicioso!

A partir dali as mudanças na minha alimentação foram acontecendo aos poucos, mas sem parar, conforme eu ia pesquisando mais e experimentando o que funcionava melhor pra mim.
Nesse momento, aos 24 anos, me tornei vegetariana pela primeira vez. Cortei as carnes, os embutidos, reduzi consideravelmente o consumo de álcool e do açúcar e bani enlatados da minha dieta pra sempre.
Só ficou o maldito do leite condensado...
Para fazer brigadeiro, quando eu não conseguia lidar com o comportamento humano de uma forma menos emocional. Era a minha válvula de escape.

Mesmo com os doces ainda fazendo parte da minha dieta, a primeira grande mudança tinha sido feita. O início desta longa viagem rumo ao autoconhecimento que tem sido a minha vida.

Depois de cortar carnes, salsichas e enlatados, meu intestino começou a funcionar sem ajuda de laxantes, sementes de mamão ou ameixas pela primeira vez.

Minha curiosidade aumentou e passei a testar em mim inúmeras dietas e regimes alimentares recomendados por médicos de diferentes áreas da medicina que fui conhecendo. Nutricionistas, gastroenterologistas, cardiologistas e até neurologistas me passaram seus conhecimentos através de consultas ou de seus trabalhos publicados.

Minha busca era **sobre as causas** das doenças e condições que iam aparecendo em mim, em meus familiares e amigos mais próximos **e sobre como evitá-las.**

Você pode me perguntar o que a nutrição tem a ver com doenças do coração ou da cabeça e te respondo que tem tudo a ver. Escolhas alimentares pobres em nutrientes estão diretamente relacionadas com problemas de saúde mental. **Da nossa alimentação depende a saúde do nosso cérebro, do nosso coração, da nossa pele, do nosso cabelo, o nosso humor, a nossa capacidade de raciocínio e de discernimento...**

William Dufty

SUGAR AÇÚCAR, É, BL SACAROSE REFINADA, C₁₂H₂₂O₁₁ PRODUZIDO
PELO AÇÚCAR E PELO SACAROSE SACAROSE JURÍDICO EXTRAÍDO DA
CANA-DE-AÇÚCAR, OU DA BETERRABA E PELA ADIÇÃO DE TODA A
FIBRA E PROTEÍNA, QUE REPRESENTAM 90% DA PLANTA.

Sugar Blues

O gosto amargo do açúcar

ALÉM DO ESTADO DE DEPRESSÃO OU MELANCOLIA REVESTIDO DE
AZUL, ANSIEDADE COMPORTAMENTO LÚGUBRE.
SUGAR BLUES, DIRETO AO PLACIDAS FÍSICA E MENTAIS CAUSADAS
PELO CONSUMO DE EXCESSOS REFINADO COMUMENTE AÇÚCAR.

EDITORA GROUND

SUGAR BLUES

Um dia comprei em uma banquinha de rua um livro cujo título
me chamou a atenção.
SUGAR BLUES.
Duas coisas das quais eu gostava muito. Era viciada em doces e
o *Blues*, um dos meus estilos de música preferidos
(principalmente se tivesse uma gaita de boca incluída).
Eu tinha 25 anos e as informações foram como um soco no
estômago.
O livro conta em detalhes que as circunstâncias escusas que
permitiram a ascensão do açúcar da categoria de droga rara e
de alto custo, como a heroína, a morfina e o ópio, a
sustentáculo da dieta do homem moderno.

Açúcar: sacarose refinada, produzida pelo múltiplo
processamento químico do suco da cana-de-açúcar ou da
beterraba e pela remoção de toda a fibra e proteína, que
representam 90% da planta.
Blues: Um estado de depressão e melancolia revestido de
medo, ansiedade e desconforto físico.
Sugar Blues: Múltiplas penúrias físicas e mentais causadas
pelo consumo da sacarose refinada - chamada açúcar.
Reli pela segunda vez 28 anos depois, enquanto escrevia esse
meu depoimento, e me entristeceu constatar que nada mudou a
respeito do quanto o açúcar faz parte de absolutamente todos
os produtos alimentícios, sejam doces ou salgados, que
encontramos hoje nas prateleiras dos supermercados, já que
funciona também como conservante.
William Dufty nos traz aulas de história, de política, fala
sobre formação de hábitos, publicidade, nutrição, drogas

e vício. E também nos mostra a solução. Seu trabalho é esclarecedor, impecável, completo.

Foi publicado em 1975 pela primeira vez. Se tivesse sido parte do currículo das faculdades de nutrição e medicina e leitura obrigatória nas escolas como parte da educação básica, milhares de vidas teriam sido poupadas, centenas de doenças erradicadas.

Recomendo muito para grávidas e mães e pais de qualquer idade.

Fiquei tão impressionada com tudo que li que testei em mim.

Eu, que comia fácil de 500g a um quilo de doces por dia, tirei da minha dieta qualquer produto que tivesse a palavra açúcar na lista dos ingredientes. Nessa experiência constatei que tem açúcar na maionese, no catchup, nas mostardas, nos molhos de salada, nos molhos de tomates, nos picles, e c onservas em geral.

Lá pelo terceiro mês, acordava sem remela nos olhos, uma das coisas que o açúcar causa - a produção excessiva de secreções em nosso corpo.

No quinto mês podiam colocar qualquer doce na minha frente que eu recusava sem sofrer.

A experiência durou nove meses, no décimo era Natal, e comi alguma coisa que tinha mel em volta. Bastou a língua tocar no mel que, como uma viciada, meu desespero por açúcar voltou.

E quando vi, lá estava eu comendo sorvetes e brigadeiros de novo.

Fiquei com a consciência das informações, e mesmo tendo voltado a comer doces, infelizmente, pelo menos os produtos salgados, mencionados logo acima, foram banidos da minha vida e nunca mais senti a menor vontade deles.

CHANGE

A MUDANÇA

Aos 28 anos, minha carreira de atriz já havia começado, eu já tinha feito seis peças de teatro, duas novelas, duas séries, um filme e vivia com a angústia inerente à profissão: o não saber quando seria o próximo trabalho.

Já tinha me separado daquele primeiro casamento, já tinha tido uma outra grande decepção amorosa no meio, mais algumas gastrites e agora, já casada pela segunda vez há três anos, estava grávida.

Quando descobri a gravidez eu estava novamente morando fora do Brasil, dessa vez em Nova York.

Fazia cursos de direção e inglês em duas escolas bem distantes uma da outra, o que me possibilitava caminhar bastante pelas ruas da cidade - garantindo os exercícios físicos - mas minha alimentação era totalmente na rua.

Comia o que ia encontrando pelos restaurantes e lanchonetes do caminho. E sempre experimentando o que era novidade pra mim.

Tinha acabado de tomar uma sopa de máquina, no corredor de uma das escolas, quando comecei a enjoar. Como já tinha tido várias gastrites antes e o médico me alertado que da próxima vez teria uma úlcera, senti medo.

Sempre me apavorava quando as dores vinham de onde eu não podia enxergar para identificar...

Cada vez que lembrava daquela sopa, enjoava mais e quase vomitava.

Sopa de máquina?! Que ideia absurda... Sentia nojo, quanto tempo aquilo estaria ali dentro?

Fiz exames, não era úlcera e nem mais uma gastrite, desta vez, era gravidez mesmo. Minha cabeça rodava... Eu estava assustada e encantada ao mesmo tempo.
Ao confirmar que estava mesmo gerando uma vida dentro de mim, veio uma urgência maior, a de saber como alimentar o meu filho para garantir sua saúde.

O primeiro livro que eu comprei foi "The Vegetarian Child". Por meio dessa leitura, me certifiquei que **um bebê pode sim crescer saudável sem proteínas de origem animal em sua dieta**. Fiquei tranquila.

Os enjoos eram tão fortes que não consegui continuar com as aulas e voltei pra casa. Na época morava em São Paulo, no Brasil.
Já na primeira consulta com o obstetra, fui logo dizendo que eu não comia carnes e ele me garantiu que não tinha problemas. Ok, começamos bem.
Sugeriu salmão e me receitou tomar vitaminas para garantir a minha saúde, "já que o bebê iria sugar do meu corpo tudo o que precisasse para garantir a sua". Então "eu estaria à mercê do que sobrasse e precisava me fortalecer".
Nessa época eu ainda comia salmão, morava em cima de um restaurante japonês muito bom e almoçava lá todos os dias.

Hoje as altas concentrações de Mercúrio presente no Salmão são apontadas como uma das causas do TDAH. Em 1997/98 não se falava nisso.

Continuei minhas pesquisas e estudos priorizando agora a alimentação infantil. Se tudo passava por mim, então o que eu comia e bebia iria direto para o meu bebê.

The Vegetarian Child

A Complete Guide for Parents

Lucy Moll
author of the
Vegetarian Times Complete Cookbook

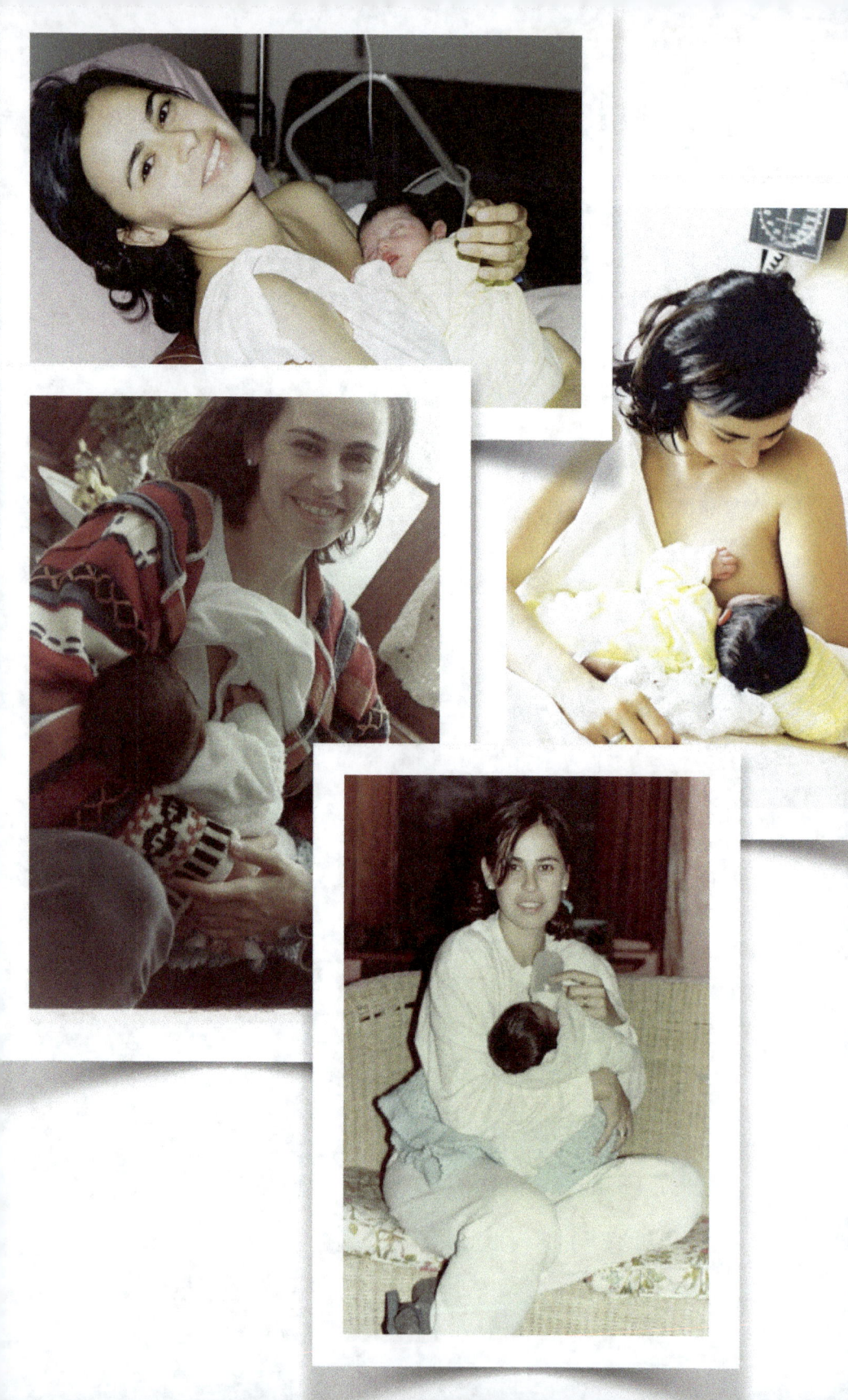

Minha primeira luta foi não tomar o remédio para os enjoos - que eram constantes - recomendado pelo médico.
Enquanto eu estava acordada eu enjoava, não importava o que comesse. O obstetra me receitou um remédio cuja bula dizia que grávidas não deveriam tomar.

E por que mesmo não deviam tomar?
A resposta dele era que "os laboratórios precisam se precaver de possíveis processos e colocam aquilo em todos os remédios", mas que "não faria mal ao bebê".
Se não faria mal, por que estava escrito lá que sim?
E por que os laboratórios precisariam se "precaver"?
Por que possíveis processos poderiam acontecer?
Por que as pessoas não ficam atentas a esses fatos e acreditam cegamente no que lhes dizem?

Li a bula toda. Os efeitos colaterais não atingiriam só a mim, mas o bebê também. Nem grávidas, nem lactantes deveriam tomar.

Primeira *red flag* em relação ao médico, mas eu era muito nova e os enjoos me tiravam o equilíbrio emocional, então não me ocorreu trocar de médico ali mesmo. Mas não tomei o remédio.
E parecia que ia vomitar a cada 5 minutos pelos primeiros 4 meses inteiros da gestação.

No final do quarto mês, no meio da estrada entre a cidade e a fazenda, pedi ao meu marido que parasse o carro, porque eu ia vomitar. Foi a primeira vez que não foi alarme falso.
Vomitei aquela única vez, e naquele dia mesmo os enjoos terminaram.
Pude finalmente começar a curtir a gravidez.

Quando meu filho nasceu, meus peitos pareciam duas bolas de futebol de tão grandes, e eu me sentia muito orgulhosa, pois teria muito leite para amamentá-lo só no peito pelo primeiro ano inteiro de vida dele. Esse era o meu plano.

Essas duas bolas de futebol doíam muito e uma enfermeira do hospital onde ele nasceu, um dos mais renomados de São Paulo, me aconselhou a colocar compressas de água fria para diminuir a dor. Eu fiz o que ela recomendou e isso fez com que o leite *empedrasse*. Em menos de três dias as duas bolas de futebol se tornaram peitinhos de menina moça, como quando eu tinha 15 anos de idade.

Meu leite tinha secado completamente.

Fui a um mastologista, também muito renomado em São Paulo, que me garantiu, após minuciosa consulta e exames, que meu corpo e seios eram completamente saudáveis, que o problema estava na minha cabeça. Minha cabeça que tinha feito o leite secar.

A mesma cabeça que não tinha sequer comprado uma mamadeira, pois estava muito feliz com a ideia de amamentar o filho até o primeiro dente nascer, era a culpada pelo leite secar e não as compressas frias?

Eu ficava 4 horas por dia com uma bombinha elétrica grudada aos meus seios sugando o que fosse possível para alimentar meu recém-nascido e saía, no máximo, uns 10 ml por dia. Não era o suficiente.

Minha segunda luta foi recusar dar fórmulas ao meu filho... O pediatra recomendou aqueles pós brancos que vêm em latas e que eles convencionaram que é alimento. Minha intuição gritava para não dar e, dessa vez, eu a segui.

Eu disse um sonoro não. Não vou alimentar meu filho com esse pó enlatado e cheio de químicas. De jeito nenhum! Meu filho merece comida de verdade.

Então ele perguntou se água de coco eu daria. Respondi que se fosse direto do coco, sim. De caixa ou garrafinha plástica, não. Ele se alimentou do pouco leite que eu tinha e água de coco pelos primeiros dois meses inteiros. Foi quando o pediatra me disse que não estava sendo o suficiente, que ele não estava ganhando o peso necessário e que se eu não desse complemento, poderia colocar sua saúde em risco.

Receitou leite de cabra (em pó).

Como reage uma mãe de 29 anos quando ouve que pode ser a responsável por colocar em risco a vida do seu filho, quando não tem informação o suficiente? Compra a lata de leite de cabra e dá.

Mais um mês disso e meu filho urrava de cólicas. Qual era a causa das cólicas? Não sabiam dizer. Diziam que era normal, que todo recém-nascido tem. Todo recém-nascido tem e é assim e pronto? Não havia nada que eu pudesse fazer? A criança berrava de dor.

E me revoltei com a pouca informação sobre as causas e como evitar uma simples cólica infantil.

Lembrei que minha avó materna teve 5 filhos sem fórmulas em pó no cenário. Lembrei do livro sobre crianças vegetarianas. Me agarrei com ele de novo.

Conforme eu ia lendo, aprendi sobre os mitos do leite e seus derivados na alimentação infantil.

O único leite que de fato faz bem ao bebê é o materno. Mesmo pouco é melhor que nada. No caso da impossibilidade de dar o leite materno, o melhor mesmo é fazer sopinhas de legumes e

verduras e coar para o bebê não engasgar, e papinhas de frutas também coadas, no início.
Grãos como arroz, feijões, lentilhas, grão de bico também podem ser cozidos e liquidificados juntos com cenoura, beterraba, batata-doce e oferecidos como sopinha ou papinha, muito mais saudável do que qualquer pó ou papinha industrializada.

E já no terceiro mês de vida do meu filho entrei com legumes, verduras e frutas, em forma de papinhas e sopinhas sem perguntar a opinião de ninguém. Minha intuição me disse pra dar e eu dei. Meu filho adorava. Tinha nas perninhas aquelas dobrinhas que mostravam que estava sobrando gordurinhas em seu corpo e só foi dar o primeiro espirro na vida aos 15 anos de idade. Teve uma infância totalmente saudável.

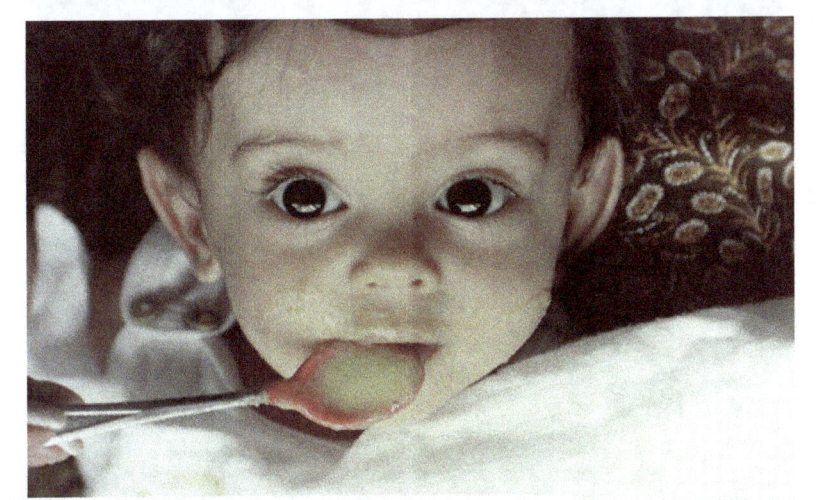

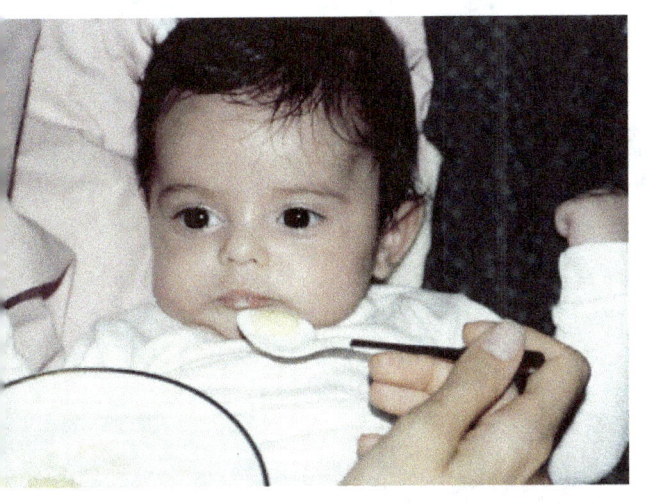

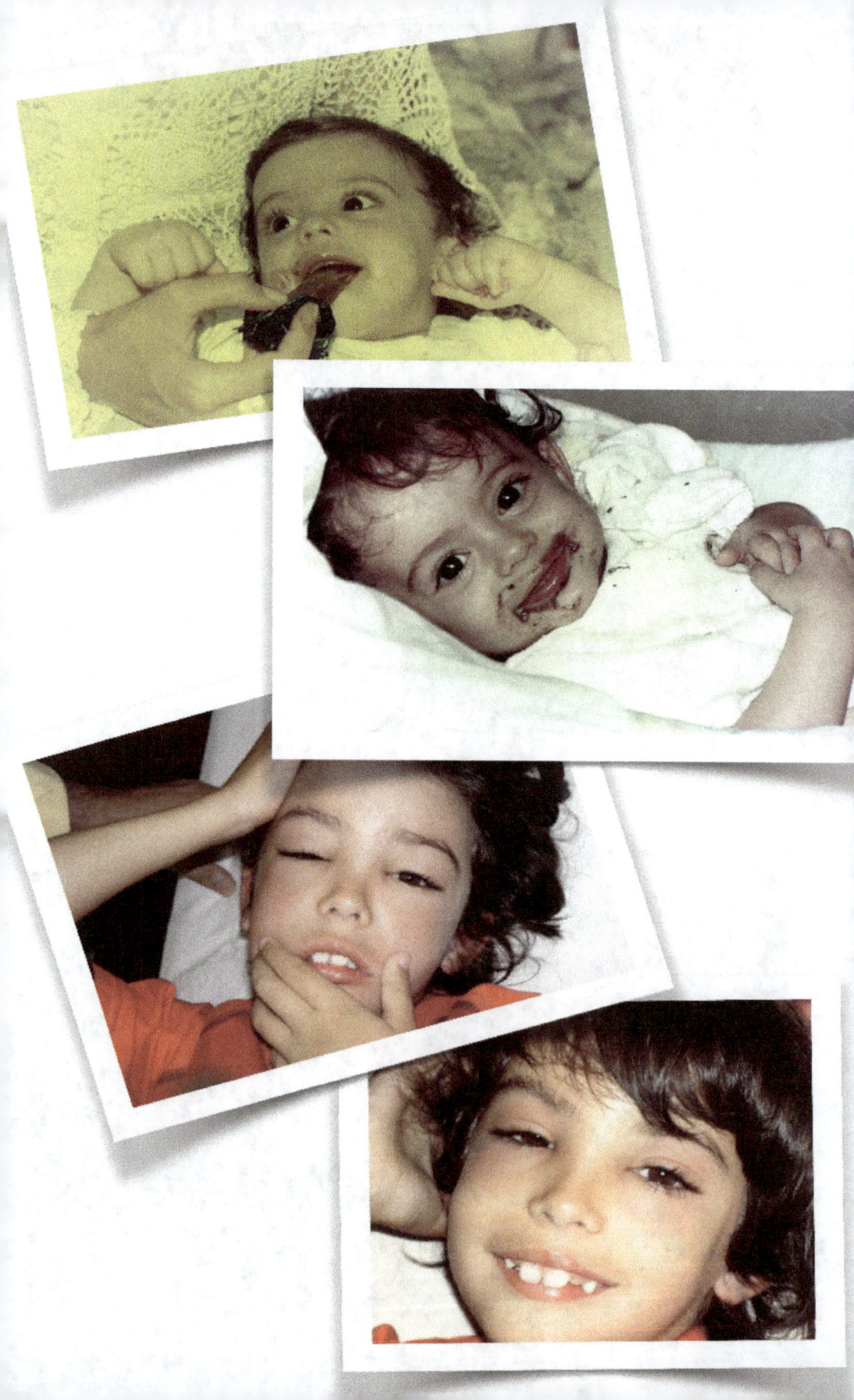

O SEGUNDO GRANDE SUSTO E A CAUSA: CORANTES NOS ALIMENTOS

Não dei as fórmulas em lata, mas dei chocolate. Ou melhor dizendo, dei gordura hidrogenada com muito açúcar, leite em pó reconstituído e corantes em forma de bombons e barrinhas. E lá pelos 7 anos de idade meu filho teve uma reação alérgica. Seus olhinhos começaram a inchar e quase fecharam. Descobrimos que os corantes nos alimentos eram o vilão. A causa da alergia. Ele não podia comer nada que tivesse corante amarelo ou vermelho na fórmula. Isso foi fundamental para eu redobrar a atenção com as porcarias que eu própria comia e que dava pra ele, como chocolates, biscoitos recheados, gelatinas e bolos de caixinha.
Lá fui eu estudar corantes na comida...

Os corantes são químicos adicionados aos produtos alimentícios para torná-los mais atraentes, especialmente para as crianças.
Os de hoje em dia **são derivados de petróleo** e sim causam **alergias diversas, hiperatividade e problemas de aprendizado, entre outros efeitos colaterais horrorosos.**
Poderiam usar outros alimentos naturais para colorir?
Sim, poderiam.

Existe? Sim, vários. Não usam porque custam bem mais.
E esses químicos, além de custar bem menos, de não desbotarem a cor, garantem vida mais longa aos produtos nas prateleiras dos mercados.

O que dá mais lucro aos produtores, mesmo que às custas da saúde das pessoas. Uma triste realidade.

Eu ainda tinha muito o que aprender...
Me incomodou muito saber que pessoas que têm condições financeiras, uma certa cultura, e provavelmente uma boa educação, conseguem se importar mais com o lucro pessoal de suas empresas do que com os malefícios que podem causar à saúde alheia com seus produtos.

Os corantes amarelo 5 (Tartrazine) e o vermelho 40 (Allura Red) são os piores, e todos, crianças e adultos, devem evitar.
Por quê? O que causam?
Causam transtornos de comportamento, déficit de atenção, hiperatividade - TDAH, irritabilidade, depressão, irritação na pele, enxaqueca, e alergias variadas.

André não podia comer nenhuma balinha, iogurte ou chocolate que tivesse essas cores na fórmula que seus olhos inchavam e a alergia vinha com tudo.
Nessa época era a febre dos M&M e eu separava aquelas bolinhas deixando só as marrons e tirava todas as outras cores do caminho dele.
O melhor e mais incrível é que fora os chocolates, ele não gostava muito de outros doces.
Eu oferecia um brigadeiro e ele preferia gominhos de laranja ou tangerina, eu oferecia um *milk-shake* e ele preferia suquinho de melancia natural, eu oferecia um hambúrguer e ele queria uvas, ou castanhas de caju, ou azeitonas.
Já viram uma criança de 5 anos comendo castanhas e azeitonas? Pois meu filho gostava!

O que facilitou muito a minha vida. Ele não sentia falta dos doces que eu oferecia, porque eu é que achava gostoso. Ele não precisou fazer esforço para dizer não para o que não devia comer, porque ele mesmo preferia o mais saudável. Parecia que tinha vindo com um "chip" mais avançado e estava me ensinando através da sua alergia.

Não deixei isso passar despercebido e, ao invés de me apegar ao que ele não podia, me apeguei ao que era de fato mais saudável pra ele e fui incorporando nas minhas escolhas alimentares também.

Para facilitar a minha vida, resolvi cortar a maioria dos doces industrializados, já que todos têm muitos corantes artificiais envolvidos. Para meu consumo próprio escolhi três, o leite condensado, para fazer um brigadeiro de coco de vez em quando; o quindim e sorvetes, **acreditando que eram os mais inofensivos.**

O pudim de leite condensado, que já era o favorito do meu marido, o mais fácil de fazer e sem corantes envolvidos, virou a sobremesa oficial da família.

O pior pra mim é que eu nunca gostei de pudim, preferia os sorvetes.

O que eu não sabia ainda era sobre o poder inflamatório da gordura hidrogenada - que é a base dos sorvetes e dos chocolates em geral - nem que ao consumir esses produtos todos os dias eu estava alimentando inflamações silenciosas no meu próprio organismo.

LEGAL

Aquarela do
na LE

Dor
de
amor

Daniela Escobar
arranca elogios
da crítica e do público
ao interpretar, na série
Aquarela do Brasil, a
sofredora Bella, uma
judia que foge do nazismo
e acaba se afastando de
seu grande amor.
PÁGS 10 e 11

SUPER TV
JORNAL DO BRASIL

Daniela Escobar
interpreta a
refugiada Bella

CORES FORTES

Série 'Aquarela do Brasil', da Globo, explora música e paixão

UM JEITO MAIS EFICIENTE DE PERDER PESO SEM CONTAR CALORIAS

O meu primeiro contrato com o maior canal de TV da América Latina, onde eu trabalhei por mais de 20 anos, veio justamente por um trabalho para o qual eu precisei emagrecer muito para fazer o papel.
Não me foi pedido que emagrecesse, mas a personagem era uma fugitiva do nazismo da Segunda Guerra Mundial e depois de ver todo o material sobre os campos de concentração, me pareceu um desrespeito dar vida a essa pessoa estando gordinha e corada como eu estava.

A série se chamava AQUARELA DO BRASIL, e eu interpretava uma judia natural da Romênia, que morava na França quando foi presa e levada para um campo de concentração, de onde conseguiu fugir indo para Portugal e, de lá, embarcava em um navio que iria para o Brasil. Começava ainda dentro do campo de concentração, um pouco antes da fuga. Então eu já queria começar bem magra. O que era o meu desejo, a minha criação pessoal.

Eu, que sempre fui louca por doces (na verdade viciada) e vivia brigando com a balança, estava novamente acima do meu peso. Procurei um médico para me ajudar no processo de emagrecimento, pois eu tinha só dois meses para a transformação.
O médico me passou uma dieta em que eu contaria as calorias através de um sistema de pontos.
As porções, fatias, unidades de alimentos tinham notas correspondentes e eu tinha um limite máximo que poderia

ingerir por dia. Poderia comer de tudo desde que o valor total somado não ultrapassasse o limite diário estabelecido pra mim.

No meu caso eram 500 pontos = 1000 calorias, a metade das calorias que um adulto deveria ingerir por dia de acordo com a OMS - Organização Mundial da Saúde.

Visto que eu tinha pouco tempo para perder bastante peso, ele me receitou também umas pílulas para me cortar o apetite. Eu tomei aquilo e realmente me cortava completamente a fome, o que me assustou.

O que tinha ali dentro que agia exatamente na parte do meu cérebro que cortava a fome??

Tomei por um mês sentindo muito medo e depois parei.
O médico me disse que eu não poderia parar de súbito, que tinha que ir diminuindo aos poucos. Concordei com ele, mas não obedeci. Parei de súbito. Pensei que minha gula não poderia me dominar a ponto de atrapalhar o meu objetivo e muito menos poderia ficar refém de uma química tão forte.

Eu estava determinada a perder quantos quilos fossem necessários para passar a credibilidade de alguém que estava passando fome. E sua tabela de pontos já tinha se provado bastante eficiente.

Os pratos montados, mesmo só com as 1000 calorias diárias, eram grandes o suficiente e supriam muito bem minhas necessidades diárias. A tabela do Dr. Guilherme funcionava! Até que no terceiro mês parei de emagrecer.

Observando a reação do meu organismo aos alimentos ingeridos e às quantidades, percebi, então, que ingerindo a mesma quantidade de calorias, quando envolvia doces, pães e queijos, eu não perdia

nenhuma grama. Mas quando não comia nenhum doce ou nenhum tipo de pão ou derivados de leite eu perdia bastante e a balança mostrava diariamente. Como eu não queria mais tomar o remédio, o tempo era curto até o início das gravações, e eu precisava desse resultado rápido, tirei os doces, os pães e todos os laticínios da dieta e padronizei um prato.

Que era: 2 colheres de arroz + 2 de feijão ou lentilhas + 4 de colheres de legumes - em geral uma colher de cenoura, 1 de beterraba, 1 de abobrinha, e outra de qualquer outro legume que tivesse em casa, + 1 banana + 1 porção de proteína animal - que na época era carne de frango ou peixe.

Eu comia esse prato feito no almoço e no jantar. Acompanhado de um copo de água de coco, ou de um suco de laranja.
Durante o dia eu carregava sempre umas bananas ou maçãs na bolsa, para o caso de sentir fome entre o almoço e o jantar. Se sentisse fome - ou gula - depois do jantar, eu comia só frutas ou tomava mais água de coco.
Às vezes comia até 5 bananas no meio da tarde, mas nenhuma fatia de queijo algum, nem pão, nem doces.

Eu carregava também um bombom na bolsa, que só poderia ser comido aos domingos.
Incrível que só de saber que ele estava ali, ao alcance da minha mão, eu me sentia forte e dominava meu cérebro, impondo a minha decisão, a minha vontade. Eu é quem iria decidir quando comer aquele bombom. Mas se não tivesse ele comigo, a abstinência batia de forma violenta e eu só pensava em doces.
Assim aprendi a domar o corpo e aplacar a abstinência.

Segundo a orientação do médico, eu devia evitar comer depois das 8h. da noite. Se tivesse muita fome, só frutas ou sopa, para ajudar a digestão e a eliminação.

Nessa época costumávamos jantar em uma churrascaria pelo menos 3 vezes por semana. Todos se atracavam em todos os tipos de carnes e acompanhamentos e eu tomava uma sopa de legumes e verduras variadas.

O resultado, além dos 15 quilos a menos em 4 meses, foi muito mais disposição física, meu humor melhorou e eu me alimentava super bem.

Ali aprendi que as mesmas calorias envolvendo açúcar, farinhas ou laticínios, tinham efeitos diferentes, e os quilos não saiam do meu corpo assim tão fácil. E que comida de verdade eu digeria, eliminava e emagrecia.

Quando esse trabalho terminou, para vocês terem uma ideia do poder dos alimentos, eu engordei os 15 quilos que tinha perdido em exatos 15 dias.

E a única mudança foi voltar a comer uma sobremesa por dia, que podia às vezes ser um quindim, ou uma bolinha de sorvete, ou um chocolate, e uma fatia fininha de queijo branco magro em uma fatia de pão integral no café da manhã, também todos os dias.

O açúcar, as farinhas e os laticínios fazem isso com a gente, além de promoverem inúmeros tipos diferentes de inflamações no nosso organismo.

O bom foi que despertei para a inutilidade do contar calorias, que é o parâmetro da grande maioria das dietas.

Tanto faz se o objetivo da pessoa é só perder peso, ou uma dieta para sanar algum problema de saúde. Não percam tempo contando calorias.

Priorize alimentos que são anti-inflamatórios, evite os laticínios, farinhas e açúcar refinado em qualquer forma que os resultados serão garantidos e rápidos. Não adianta contar calorias pensando só no número, pois o mesmo número de calorias, conforme os alimentos, produzem efeitos diferentes no nosso organismo.

A vida seguiu, o trabalho terminou e eu voltei a me atracar com diversas formas de doces, queijos e pães, e suas consequências silenciosas.

Dessa fase eu mantive o não jantar depois das 8h da noite. Como vocês podem notar, as mudanças na minha alimentação não aconteceram todas de um dia para o outro, de cada situação vivida uma mudança acontecia e um hábito novo ficava.

Poderia ter sido mais rápido se tivesse mais pessoas no meu convívio na mesma sintonia...

REVISTA da TV

VÍTIMAS DO AMOR

DOMINGO

Tudo em família

Daniela Escobar é
estrela da novela
dirigida pelo
marido. Esse tipo
de dubradinha
virou estilo

HOMEM DE ESTILO: O ESPÍRITO ROMÂNTICO E APAIXONADO DE CACO CIOCLER

InStyle

estilo

de vida

CELEBRIDADES • MODA • BELEZA • ESTILO

reinvente
seu visual
Como Transformar Peças
Antigas em Produções Atuais

58 Bolsas Imperdíveis
O Modelo Perfeito Que
Acompanha Você Dia e Noite

Aposte nas Cores
Composições Inovadoras
para Fugir do Básico

Poder e Sedução
Jóias Exuberantes Que
Incendeiam Qualquer Look

Essência de Sucesso
Os Perfumes Preferidos
de Lavínia Vlasak, Ana Paula
Arósio, Gisele Bündchen...

Acerte no Tom
Inovações e Truques para
ter um Cabelo de Estrela

Daniela Escobar
Dose Extra de Estilo

marie claire

GÊNERO MASCULINO
ELES REVELAM
O QUE É MAIS SEXY
EM UMA MULHER

Três maneiras
de esquecer:
depoimentos de
quem superou
a dor da separação

DANIELA
ESCOBAR
A NOTA DA
VIRADA

POR QUE CADA
VEZ MAIS GENTE
ROUBA E CAFETE
DO GRAMADO

TRABALHO INFANTIL:
INFÂNCIA ROUBADA:
TINHA 5 ANOS
QUANDO COMECEI
A CRIAR MEUS IRMÃOS

155
NOVIDADES
DE MODA
PARA INAUGURAR
O OUTONO

PELE NOVA
O SUPERPODER DAS
MÁSCARAS FACIAIS

TV

Daniela Escobar
volta às origens

TRISTEZAS E ALERGIAS

Um dia entrei em depressão. Profunda.

Nessa época eu trabalhava em média umas 15 horas por dia, aceitava todos os trabalhos que vinham na minha direção, não só mais pelo prazer de fazê-los, mas pelo medo que o próximo demorasse muito para vir. E também na esperança de que esse próximo fosse interessante e me inspirasse de verdade, e não fosse só a minha fonte de renda.

Eu era uma excelente profissional, recebia muitos elogios do meu público, dos meus empregadores, dos colegas, tinha o reconhecimento do meu trabalho não só no Brasil, mas na maioria dos países da América Latina, em alguns países da Europa e até na Rússia, para onde foram vendidas as séries e novelas nas quais atuava.

Tinha uma casa linda, o carro que eu queria ter na garagem, as roupas que desejasse no armário, os sapatos, as bolsas, os perfumes, a geladeira cheia, uma cozinheira à disposição, babá para me ajudar a cuidar do meu filho enquanto eu estivesse no trabalho...

Olhando de fora eu tinha tudo o que se possa querer dessa vida. Sucesso profissional e todas as coisas materiais que esse sucesso pudesse comprar.

Um filho lindo e saudável e um parceiro a quem eu amava e mais uma vez acreditava que iria amadurecer e envelhecer ao lado. E ainda assim eu estava triste.

Faltava algo e eu não sabia o que era. Sentia um buraco no peito que não conseguia explicar.

Ao mesmo tempo em que amava o meu trabalho e me sentia grata pelo tanto que trabalhava, queria passar mais tempo em casa com meu filho e marido do que estava sendo possível.

Nem sempre o personagem que eu dava vida tinha o texto mais interessante, ou sequer uma história relevante. Raramente as pessoas com quem eu convivia tinham algo a acrescentar que de fato fizesse alguma diferença na minha vida, fora do âmbito profissional.

Mais raro ainda o que eu de fato dizia nas entrevistas era o que escolhiam para publicar.

Me entristecia muito constatar que muitas criaturas, que tinham o poder de publicar na mídia impressa e espaços fortes na televisão, escolhiam perpetuar sua mediocridade difundindo sempre as fofocas da vida pessoal dos artistas, ao invés de enaltecer seus trabalhos.

Ao invés de noticiar o que de fato pudesse inspirar seus leitores ou telespectadores, escolhiam sempre inventar polêmicas tirando do contexto os assuntos abordados e criar richas, desconfortos, que não trariam nada de bom para a vida nem dos envolvidos nem dos que assistem. O que só me revelava uma pobreza de espírito sem tamanho...

O grosso do dinheiro que eu fazia continuava vindo justamente da publicidade. Além da forte sensação de que eu não podia parar de trabalhar de jeito nenhum, me sentia "emburrecendo", ansiosa e frustrada.

Frustração e ansiedade nos levam ao estresse Estresse tem efeitos nocivos direto no nosso sistema digestivo, no nosso sistema cardiovascular, pulmonar, cerebral e endócrino, o que eu também ainda não sabia. E volta e meia lá estava eu tendo gastrites novamente...

Do médico ouvi que as gastrites eram de fundo nervoso. Senti medo. Eu agora era mãe, não podia ficar doente.

Além de gastrites, me apareceram algumas alergias.
A pelo de gatos, a ácaros, à poeira, uma em forma de coceiras e vermelhidão na pele do rosto e pescoço que ninguém conseguia descobrir o que era. Apareciam vergões em alto relevo no lado direito do meu rosto e pescoço cada vez que eu me maquiava. Nessa época eu estava no meio das gravações de O Clone, e gravava de segunda a sábado, às vezes até nos domingos. Passava maquiagem e produtos nos cabelos todos os dias da semana.

As pálpebras dos meus olhos escamavam subitamente. Quando chegava perto de um gato eu começava a espirrar como se tivesse pegado um resfriado instantâneo, os olhos começavam a lacrimejar e a inchar. Medo. Alguma coisa estava de fato errada, alguma mudança precisava ser feita.

Comecei a romaria aos dermatologistas.
Os primeiros disseram que era "fungo por acúmulo no organismo". Meu organismo estaria "saturado" de fungos repassados pelas maquiagens que poderiam estar vencidas ou com mais de um ano da data de fabricação. Mesmo que tivessem 3 anos de validade, como a maioria tem, eu não deveria usar depois de um ano da data de fabricação. Poderia ser também os pincéis de maquiagem, usados em várias pessoas sem uma limpeza apropriada entre o uso em cada uma delas.
Eu trabalhava maquiada de segunda a sábado, passava o dia todo maquiada, ia fazer o quê? Comecei levando os meus próprios pincéis, o que causou problemas ao ego dos maquiadores que não economizaram fofocas rudes nas minhas costas.

Fofoca é coisa que sempre chega na gente...

Então, para amenizar a situação, passei a levar o produto que limpava os pincéis "deles", para que não deixassem de trabalhar com os que estavam acostumados.

A alergia não melhorava. Acabei levando as maquiagens mesmo, e dando de presente a muitos deles, para que usassem de volta no meu rosto maquiagens que eu tinha certeza da data da fabricação e validade.

Depois falaram que poderia ser os esmaltes. Muitas pessoas tinham alergia a esmaltes. Em algumas, coça nas pontas dos dedos, em outras, em cima das pálpebras, exatamente como acontecia comigo.

Só que eu estava em continuidade no horário nobre da TV, fazendo uma personagem que, mesmo sendo muito infeliz no casamento e com sua filha única viciada em drogas, andava sempre muito bem maquiada e vestida, e com as unhas impecavelmente feitas. Portanto, tirar o esmalte era fora de questão.

Quando esse trabalho terminou, resolvi prestar atenção ao meu próprio casamento e me dei conta que já andava no modo automático há algum tempo. Eu amava meu marido e acreditava que era amada por ele, mas ultimamente o único assunto que tínhamos em comum era mesmo o trabalho.

Seu sonho era entrar para a história da televisão Brasileira. Sinceramente, não conheci até hoje alguém que merecesse mais do que ele. Mas para isso acontecer sua dedicação ao trabalho era extrema. O mais importante naquele momento da sua vida era o seu trabalho e onde ele investia todo o seu tempo. Não sobrava muito tempo para momentos com a própria família. Eu o entendia. Antes de termos nosso filho eu era igual. Eu não tinha o desejo de entrar pra história da televisão, mas se tivesse que virar três noites seguidas trancada em uma ilha de edição ou três anos seguidos trabalhando sem férias eu me sentia igualmente feliz. Trabalhávamos muito bem juntos. Não foi à toa que nos encontramos e nos identificamos por tanto tempo.

"Se" não tivesse tido nosso filho eu provavelmente teria ficado no mesmo ritmo que ele por muito mais tempo. Mas... escolhemos ter. E eu mudei.

A paixão que antes eu sentia pelo trabalho, passou a ser por ver de perto aquele ser que tinha saído de dentro de mim, crescendo e descobrindo o mundo. Era um sentimento muito maior do que tudo o que eu já tinha experimentado antes.

Quando se ama não há lugar para culpas ou julgamentos sobre os sonhos e escolhas do outro, e eu o amava. E nos respeitávamos o suficiente para não nos imaginarmos sendo impedimento para a realização dos sonhos ou desejos um do outro. Só estávamos desejando coisas bastante diferentes da vida naquele momento.

Ninguém precisava ser culpado. Ele merecia realizar seu sonho e eu merecia seguir crescendo e realizando os meus. Nossa separação levou três meses para acontecer, enquanto juntos comprávamos seus primeiros móveis novos e, com muito cuidado e respeito, conversávamos sobre o que não gostávamos mais um no outro e que fora o motivo da nossa desconexão.

Eu o ouvi. E resolvi que me transformaria naquela pessoa que eu não estava mais sendo pra ele.

Nesse meio tempo voltamos até a namorar. Achei até que o casamento tinha jeito, que talvez fosse só uma questão de comunicação, de ajustes. Meu filho não ia crescer longe do pai. No finalzinho desse terceiro mês, meu coração apertou tanto uma certa manhã que foi impossível levantar. Passei esse dia inteiro e os três seguintes encolhida em cima da cama, sem conseguir dizer o que eu tinha, nem comer, nem parar de chorar.

Meu marido não sabia o que fazer... nem tinha tempo pra descobrir. Então, ligou pra minha tia Lydia, que era muito nossa amiga, além de psicóloga, e ela veio.

A realidade é que eu estava fazendo um esforço tão grande para fazer a relação funcionar que passava por cima de mim completamente, me transformando em alguém que eu não era.

Pensava na nossa família, pensava no meu filho, mas e eu? Quem estava pensando em mim? Naquele momento não adiantava a casa linda, os carros, as roupas, as viagens, a fama, os milhares de fãs me amando, quando eu mesma não estava sabendo me amar.

As alergias eram o corpo sinalizando, gritando pra eu prestar atenção em mim.

Li em um livro de psicologia que **a depressão acontece quando nossa alma cansou de não ser o que veio a esse mundo pra ser. Quando a gente não percebe ou não lhe dá ouvidos, a alma adoece e se comunica através do nosso corpo físico.**

Quando nosso corpo começa a falhar, quando algum órgão para de funcionar, são sinais claros de que algo precisa ser mudado com urgência. Que precisamos redirecionar nossas intenções, nossa maneira de agir e pensar.

Por que estou contando isso?

Porque o lado emocional é 70% da nossa saúde física. Não somos afetados só pelo o que a gente come, ou pelos produtos cheios de químicos que passamos no nosso corpo, mas também pelas emoções que sentimos, ou que não sentimos mais e nos fazem falta.

Somos afetados pela música que ouvimos, pelos filmes e programas que assistimos, e pela mentalidade das pessoas com quem convivemos.

Já prestou atenção em como você se sente quando ouve músicas românticas tristes?

Ninguém sai pulando de alegria e tendo ideias novas e criativas. A gente fica reafirmando para o universo que não pode viver sem ele ou sem ela, e revivendo os momentos que tivemos com esse alguém, que se não faz mais parte da nossa vida, provavelmente não deveria ocupar esse espaço em nossos pensamentos também. Principalmente se nos botam pra baixo.

Eu era a rainha das músicas românticas.

E quando a gente assiste a um filme de suspense e terror? Já prestaram atenção ao bolo no estômago que se forma um pouco antes do susto? No coração acelerado e a respiração como fica entrecortada, quando sentimos medo?

Nosso corpo sente esse susto e esse medo, e como **nosso cérebro não sabe diferenciar se aquilo está acontecendo com a gente de verdade ou não,** envia o comando para nossas glândulas suprarrenais descarregarem uma carga extra de adrenalina no nosso corpo para "lidarmos com o perigo".

Mas como estamos sentados no nosso sofá e não vamos sair correndo nem no tapa com ninguém, e, portanto, não vamos "queimar" essa adrenalina extra, ela se torna um gatilho que desregula neurotransmissores, reduzindo a produção de melatonina, **causando pequenos ou grandes danos no nosso cérebro dependendo da intensidade com que acontecem.**

Não é só o nosso cérebro que sofre com sustos e estresse, nosso estômago também.

Não devemos comer quando estamos estressados, com raiva, discutindo com alguém ou logo após uma briga. Porque a gente não vai digerir.

O estômago dá uma travada, o sangue que deveria ser usado para a digestão vai para as pernas e braços - porque, como expliquei acima, nosso cérebro entende que estamos em perigo e precisamos correr ou lutar - só voltando a funcionar normalmente quando estivermos relaxados novamente.

Então, se estiver no meio de um conflito, evite comer.

Se estiver comendo, evite brigar, discutir, se estressar, pois o alimento que você ingeriu não vai ser absorvido, vai ficar parado fermentando no seu estômago e muito provavelmente será estocado em lugar errado.

No caso do meu casamento, não tinha nada de errado com nenhum de nós. Não houve traição, não foi falta de amor.

Eu é que tinha desejado muito que dessa vez meu casamento "funcionasse até ficarmos velhinhos juntos", independente de estarmos crescendo para lados diferentes.

Minha alma só estava me pedindo menos sustos e mais profundidade nas conversas e relacionamentos em geral, e não precisar fazer tanto esforço para as relações funcionarem. Eu precisava me alimentar de experiências diferentes. Precisava crescer, aprender, aprofundar, amadurecer.

Acredito que amor de verdade é quando você entende as necessidades do outro e deseja vê-lo feliz, mesmo se não estiver ao seu lado.

Entendemos que nossas prioridades nos apontavam para caminhos diferentes. Conversamos e resolvemos que cada um deveria seguir o seu.

Decisão tomada, seguimos em frente, nos cuidando e protegendo, ao ponto de nos primeiros dois anos após a separação, termos a chave da casa um do outro para o caso de alguma emergência.

A partir dessa nossa decisão, metade das minhas alergias desapareceram em questão de dias e nunca mais voltaram. Menos a dos olhos, e a do lado direito do rosto e pescoço - as que eram causadas pelos químicos nos cosméticos e produtos de higiene e limpeza - as que ninguém sabia apontar a causa.

As alergias que **não** eram de fundo emocional.

Estão vendo o quanto nossas emoções contidas, mal-entendidas, não resolvidas, afetam nosso corpo físico?

Quando sufocamos nossa natureza, seja pela razão que for, estamos contribuindo para algo aparecer em nosso corpo.

Canal
EXTRA

Na nova coluna
da Xuxa, você
faz perguntas
para a Rainha

A receita
de beleza
de Giselle
Policarpo

A moda
da Sabrina
do 'Big
Brother'

A última
romântica

Daniela Escobar, a
Perpétua da 'Casa das
sete mulheres', fala de
paixão, ciúme e filhos

O PERIGO MORA NOS MELHORES FRASCOS

No trabalho seguinte - a série **A Casa das Sete Mulheres** - não se podia usar esmaltes, por não ter sido ainda inventado na época em que se passava a história, então por 4 meses não usei.
A alergia que aparecia sob a forma de escamação nas pálpebras dos meus olhos passou, mas a do rosto e pescoço não, então os dermatologistas descartaram ser o esmalte a causa e assim que esse trabalho terminou e voltei a usar esmalte nas unhas, a alergia dos olhos voltou.

Apesar dos meus esforços testando vários produtos de marcas diferentes, foram alguns bons anos e muito constrangimento, até eu chegar a um novo alergista, que era também professor de uma universidade em São Paulo, quem finalmente desvendou as causas das minhas alergias. Foram 7 dermatologistas e 5 anos de buscas até o 8º descobrir que eu tinha alergia a parabenos, cloreto de cobalto, e sulfato de níquel.
Cloreto de Cobalto aparece nos esmaltes, nas tintas de tatuagem e de cabelos.
O sulfato de níquel está presente nos metais de bijuterias, botão de calças jeans, lâminas de barbear e depilar.
E os parabenos - o pior de todos - está presente em todos os cosméticos e produtos de higiene pessoal em forma de conservante.
Fui avisada que se eu fizesse uma tatuagem teria queloide, o efeito do cloreto de cobalto. Não poderia usar bijuterias que

minhas orelhas coçariam e inflamariam, por causa do sulfato de níquel.

Não poderia usar esmaltes, pois o cloreto de cobalto faria meus olhos escamarem e coçarem muito.

E os parabenos, que eram os responsáveis pelos vergões no pescoço e rosto, estavam presentes em todas as minhas maquiagens, xampus, condicionadores, sabonetes, protetor solar, hidratantes, cremes para mãos, pés, rugas, olhos, boca e tudo mais que você puder imaginar que as mulheres usam, mesmo que absolutamente não precisem.

Parabenos são químicos usados como conservantes nos cosméticos, e nos produtos de higiene e limpeza, para evitar que o produto tenha cheiro ruim e mude de cor, prolongando sua vida nas prateleiras dos mercados, farmácias e lojas.

Está presente em sabonetes, xampu, condicionadores, maquiagens, hidratantes, protetor solar, espuma de barba, perfumes, desodorantes, pomadas anti-assaduras, detergentes, produtos de limpeza em geral e até em vários remédios.

O alergista pediu pra eu levar tudo o que estava usando para ele testar.

Eu tinha produtos de várias marcas, das mais caras às mais populares. Testaram todas e em absolutamente todos os produtos, sem exceção alguma, continha esses químicos.

Desde os produtos para bebês, das marcas mais conhecidas (como aquela da propaganda que diz que não arde nos olhos, que eu usava na higiene do meu filho), até as marcas que se vendem como "hipoalergênicas".

Quanto mais famosa a marca, mais parabenos tem.

**Além de causar alergias, parabenos também
causam diversos tipos de câncer. De pele, no cérebro,
de mama, útero, entre outros.
É um químico altamente inflamatório.
Era pra eu parar de usar já.**
Doei todos os produtos que eu tinha. As amigas que levaram
tudo sem absolutamente se importar com o fato de que aqueles
produtos continham químicos capazes de causar câncer,
disseram que uma mala cheia de XXX (nome das marcas que
são até hoje sonho de consumo de 9 entre 10 mulheres que eu
conheço) ia fazê-las muito feliz, mesmo
correndo o risco de terem câncer.

Foi interessante descobrir o efeito que usar produtos de grife
tem nas pessoas. Como faz com que as pessoas se sintam parte
de certas tribos, se sintam importantes, pertencentes, e que
isso para muitas delas é mais importante
do que a própria saúde.

Me dei conta também que essas grandes marcas não se
preocupam nem um pouco com a saúde ou a vida de quem os
enriquece os bolsos.
Eu acreditava que os produtos dessas grandes grifes
internacionais eram muito mais caros justamente pelo alto
padrão de qualidade que supostamente teriam.
Assim que aprendi a identificar os ingredientes, e para que
serve cada um dos químicos, constatei que suas fórmulas são
exatamente iguais a dos produtos mais populares vendidos em
qualquer farmácia de esquina. A diferença real é a qualidade
dos frascos e das embalagens.
A fama dessas marcas é graças ao nome construído ao longo de
décadas de publicidade bem feita. Aí eu pergunto...

Por serem tão vendidas no mundo todo, não **poderiam ter** uma certa responsabilidade pelo o que os seus produtos possam causar na saúde de seus clientes?
Poderiam... deveriam ter, mas não têm.
Escolhem ignorar porque o lucro é o que importa.

Daquele dia em diante, fui procurar marcas menores, de olhos mais abertos aos ingredientes usados e dando preferência a produtos produzidos por quem, de fato, se importasse com a qualidade dos ingredientes usados, e com o bem-estar do seu cliente, além do lucro.

Passei muitas horas em lojas de produtos de higiene e cosméticos, com uma lupa na mão para ler aquelas letrinhas bem miúdas, onde escondem, de propósito, a lista obrigatória dos ingredientes usados em cada produto.

Até hoje faço isso. Não compro sem antes ler os ingredientes para ter certeza de que o produto não contenha nenhum desses químicos responsáveis por causar danos ao nosso organismo.

A lista é grande e vou deixar ela aqui para que possam checar quando forem às compras, e saberem para que cada um desses químicos é usado nesses produtos e o que podem causar no nosso corpo.

É de cair o queixo o que causam e pior ainda é saber que 99% dos produtos hoje comercializados têm esses químicos em suas fórmulas.
Mesmo os que se vendem como "naturais", "orgânicos" e "veganos".

A vantagem dos cosméticos veganos é que não são testados em animais, o que eu pessoalmente acho nobre, admiro e prefiro, mas não quer dizer que não contenham químicos nocivos à saúde dos humanos.

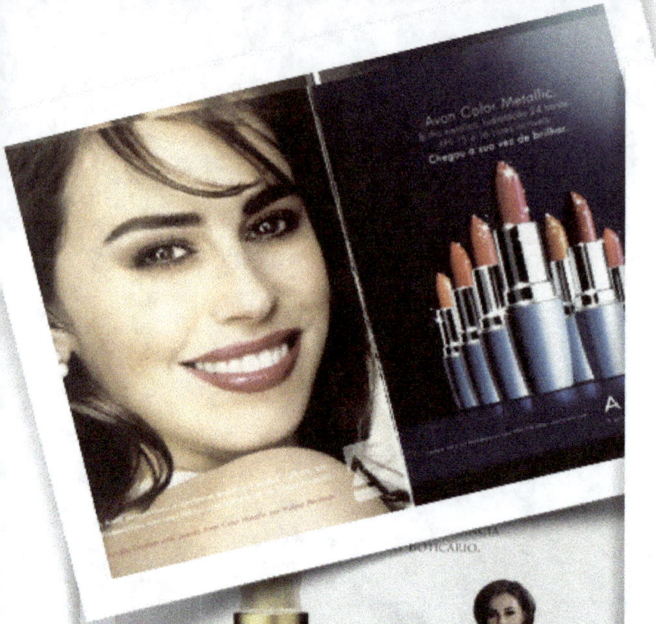
Avon Color Metallic
Chegou a sua vez de brilhar.

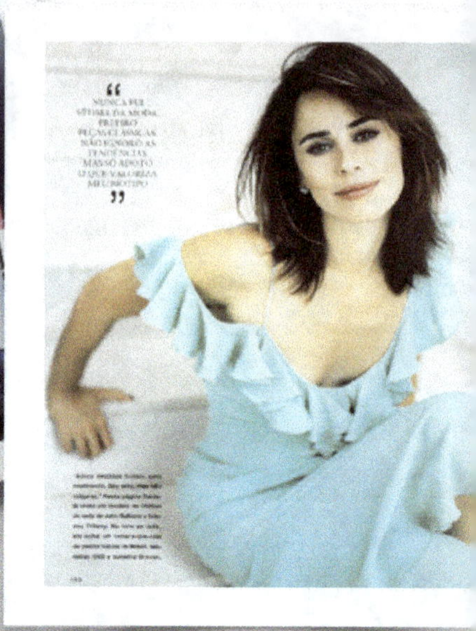

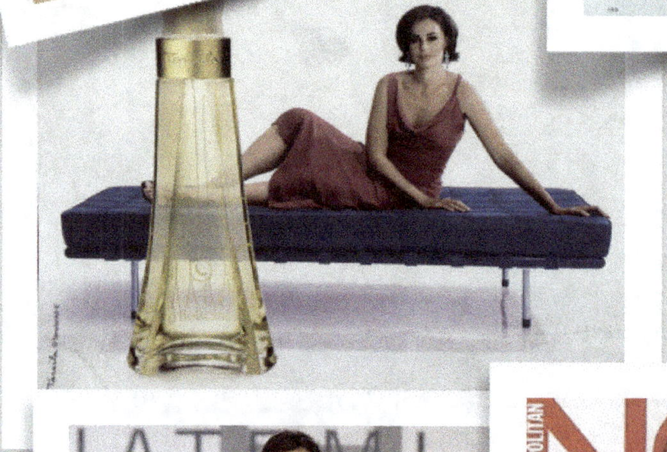

COSMOPOLITAN
Você pediu,
nós fizemos
a quarta edição do
ultradivertido
sexo
com total
segurança

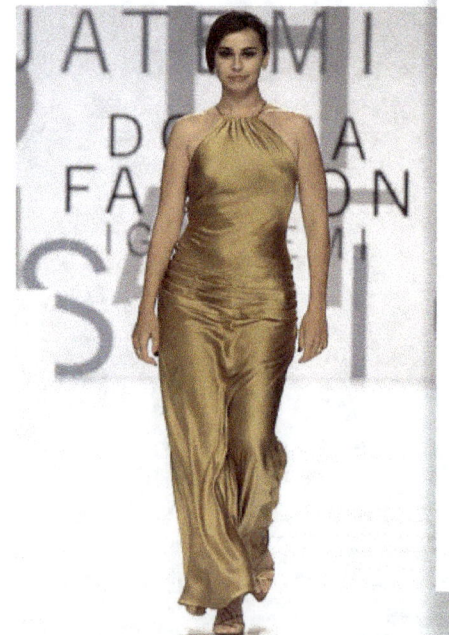

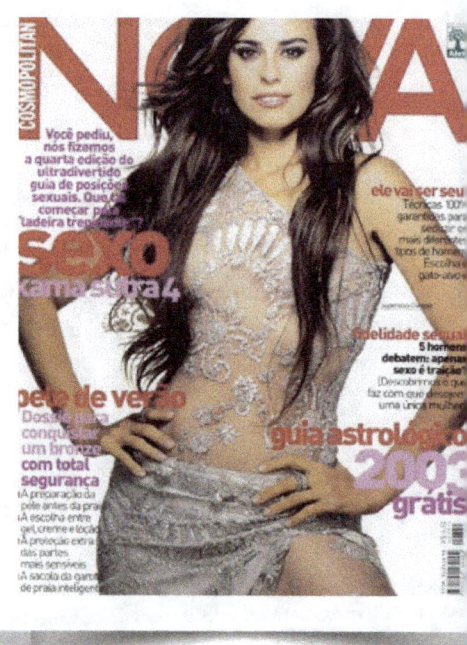

Nessa mesma época, uma grande amiga minha estava sofrendo com endometriose. Tentava ter filhos e não conseguia, fez tratamentos caros e dolorosos por 10 anos até conseguir engravidar. Mesmo depois do médico tê-la advertido que jamais conseguiria conceber uma criança.

Alguns anos depois descobri nos meus estudos e pesquisas que **ftalatos são uma das causas, talvez "a" maior causa da endometriose.** E assim como os parabenos, causam também desequilíbrio no sistema reprodutivo. Ftalatos e parabenos fazem parte da composição da grande maioria dos cosméticos e produtos de higiene pessoal.

Os Perfumes e Fragrâncias causam infertilidade. Quantas das mulheres que têm problemas para engravidar suspeitariam que parte do problema está nos seus xampus condicionadores, sabonetes, e das maquiagens que usam diariamente?

Nesse momento nasceu em mim o desejo de um dia talvez ter uma marca de produtos que, de fato, fosse segura. Que fosse limpa desses químicos que tão mal nos fazem, e que fosse acessível a todos. Principalmente às gestantes e seus bebês.

Quando você for procurar por um xampu, condicionador, sabonete ou qualquer outro produto de higiene ou cosmético, checa nos ingredientes se contém algum dos químicos listados nas páginas seguintes. Se tiver, evite, pois são **muito prejudiciais** à nossa saúde.

Químicos nocivos encontrados em cosméticos e produtos alimentícios:

Phthalates
Parabenos
Sulfatos
Alumínio
Corantes Naturais e Artificiais
Fragrâncias sintéticas
Triclosan
Formaldheyde
Polyethylenos Glycols
Propylene Glycols
Benzyl Alcohol
Isopropyl Alcohol
Ethanolamines
Mineral Oils
(BHA) Butylated Hydroxyanisole
(BHT) Butylated Hydroxytoluene
Quats
ETDA
Sodium Lauryl Sulfato (SLS)
Sodium Laureth Sulfato (SLES)
Talco
Siloxane / Silicones
Dimethicone
RetinylPalmitate
Dimethyl Ammonium Chloride

PHTHALATES: (FTALATOS)

Usados como agentes amaciantes e para aumentar a absorção dos produtos cosméticos na pele.
Como solvente para tinturas.
Como fixadores de fragrâncias.

Aparecem na lista de ingredientes como:

(DEO) Dietil Ftalato
Dibutil Ftalato.

Muitas vezes ficam escondidos na lista dos ingredientes sob o nome de "Fragrância" ou "perfume".

Causam:
Câncer.
Endometriose.
Desequilíbrio no sistema reprodutivo.

Podem ser encontrados em:

Cosméticos coloridos.
Loções.
Sabonetes líquidos.
Produtos para cabelos. Xampus, condicionadores
Esmaltes (Dibutil Ftalato).
Perfumes.
Colônias.

PARABENOS

Parabenos são conservantes de cosméticos e remédios. São baratos e fáceis de usar. São derivados, principalmente, de petróleo.

Causam:
Câncer de mama.
Desequilíbrio hormonal.
Distúrbios no sistema reprodutivo.
Danos ao DNA.
Irritações na pele.

Na lista de ingredientes aparecem como:

Metilparabeno.
Butylparaben.
Propylparaben.
Ethylparaben.
Isobutylparaben.
Benzylparabeno.

Estão ocultos em muitos extratos botânicos e proteínas muito utilizadas em todos os produtos de higiene.
Muitas empresas que vendem seus produtos com o selo de *parabeno free* têm usado outros conservantes petroquímicos, como Fenoxietanol (Phenoxyethanol) ou Álcool Benzílico.
Em 2014, foi proibido na Europa o uso de 5 desses parabenos juntos no mesmo produto. No Brasil ainda encontramos vários produtos de grandes marcas que os usam juntos, o que potencializa seus danos ao nosso organismo.

SULFATOS

Detergentes químicos usados para produzir a espuma em produtos de limpeza doméstica e nos produtos de higiene pessoal. São parcialmente feitos de petróleo ou vaselina.

Aparecem na lista de ingredientes como:

(SLS) - Lauril Sulfato de Sódio
(SLES) - Laureth Sulfato de Sódio.

Encontrados em:
Xampus e condicionadores.
Sabonetes.
Pasta de dentes.
Máscaras faciais.

Causam:
Irritação na pele.
Irritação no couro cabeludo.
Irritação nos olhos.
Disfunção hormonal.
Tóxicos para os rins, fígado, cérebro e coração.
Câncer.
Tiram a oleosidade, hidratação e cor natural dos cabelos.

ALUMÍNIO

Presente em alimentos, cosméticos, panelas, e folhas para cobrir alimentos quando vão ao forno.

Encontrado principalmente em:

Desodorantes antitranspirantes.
Batons
Gloss labial
Creme dental
Salmão provenientes de cativeiros.
Panelas e formas para bolos.
Em rolo para uso culinário.
Cápsulas de café.

Causam:
Alzheimer.
Doenças neurodegenerativas.
Câncer de pulmão.
Câncer de mama.
Irritações na pele.
TDAH.

CORANTES

A maioria dos corantes é derivado de petróleo e alcatrão de carvão.
Os corantes artificiais contém sais e metais pesados.
São fortemente usados por empresas de cosméticos em muitos produtos chamados "naturais".

Encontrados em:

Medicamentos.
Cosméticos.
Produtos alimentícios.

Causam:
Câncer.
Hiperatividade.
Ansiedade.
Enxaquecas.
Reações Alérgicas diversas.

Aparecem na lista de ingredientes também como:

FD&C ou D&C seguido por uma cor e um número.

FRAGRÂNCIAS / PERFUMES

São derivados de Petróleo.

Aparecem na lista de ingredientes também como:

FDeC
DeC

Encontrados em:

Cosméticos. Até nos chamados "naturais".
Nos produtos de limpeza doméstica.

Causam:
Tonturas.
Infertilidade.
Desregulador hormonal.
Queda de cabelo.
Dores de Cabeça.
Enxaquecas.
Hiperpigmentação da pele.
São a causa mais frequente das reações alérgicas.
Asma.
Câncer.

TRICLOSAN

É usado principalmente como agente antibacteriano e conservante. Passa pela pele causando danos à saúde.

Encontrado em:

Desodorantes antitranspirantes.
Pasta de dentes.
Desinfetantes para as mãos.
Xampus.
Lenços faciais.

Causam:
Desequilíbrio endócrino
Desequilíbrio hormonal.
Infertilidade.
Promove reprodução celular descontrolada.
Irritação na pele.
Irritação nos olhos.
Altamente cancerígeno.
Problemas no feto.
Ganho de peso.
Depressão.
Desregula o sistema imunológico.

Triclosan foi banido na Europa desde 2010, tem uso restrito no Canadá, mas continua sendo usado nos USA e no Brasil.

POLIETILENOGLICOL

São compostos à base de petróleo que servem como texturizante e espessantes.

Encontrados em alimentos, medicamentos e cosméticos.

Aparecem na lista de ingredientes cosméticos também como:

(PEGS) Polietilenoglicóis
(PPGS) Polipropilenoglicóis
Propileno.
Butileno.
Hexileno.
Caprilil.

A maioria dos produtos "naturais" contém esse ingrediente altamente tóxico.

Causam:
Irritação na pele.
Vários tipos de câncer.
Tiram umidade do cabelo causando quebra dos fios.
Interfere no desenvolvimento humano.

FORMALDEÍDO
E INGREDIENTES LIBERADORES
DE FORMALDEÍDOS

É um conservante sintético usado em cosméticos.

Aparecem na lista de ingredientes como:

DMDM Hydantoin.
Diazolidinyl Urea.
Imidazolidinyl Urea.
Methenamine.
Quaternium-15.

Esses ingredientes liberam lentamente pequenas quantidades de formaldeído. Conhecido por causar câncer, além de todos os problemas abaixo.

Causam:
Reações alérgicas.
Irritação nos olhos.
Irritação na garganta.
Irritação no nariz.
Interferência na produção natural de óleo da pele.
Dermatite.
Asma.
Disparidades no sistema reprodutivo como:
Diminuem a fertilidade.
Aumentam o risco de aborto espontâneo.
Danificam o esperma.
Intoxicam o organismo.

É proibido na Suécia e no Japão. No Canadá o uso é restrito a 0.2% em produtos para a pele. Na Europa é obrigatório aparecer no rótulo dos produtos "Contém Formaldeído".

Já pensaram em quantas pessoas não tiveram abortos espontâneos por causa desses químicos e nem ficaram sabendo? E por não terem sido informadas, continuaram usando produtos com esses químicos na fórmula?

Quantos desses sintomas você já teve ou ainda tem? Alguém já te alertou que pode ser reação ao creminho para rugas, ou seu xampu?

ÁLCOOL BENZÍLICO

É um conservante petroquímico.
Algumas marcas "naturais" usam álcool benzílico em combinação com outros conservantes, como alternativa aos parabenos.
Nos EUA, esses ingredientes estão na lista de permissão temporária.

Causam:
Irritação severa na pele.
Irritação severa nos olhos.
Irritação severa nas vias respiratórias.

RETINYL PALMITATE

Causa:
Escamação, coceira, vermelhidão, queimadura,
Irritação na pele.

Encontrado em produtos de higiene, cosméticos e de limpeza.

DIMETHICONE

Mais uma forma de silicone.

Causa:
Ressecamento, irritação do couro cabeludo.
Queima o couro cabeludo.
Entope os poros.

ÁLCOOL ISOPROPÍLICO

É derivado do petróleo. Altamente tóxico.
Associado a inúmeras complicações médicas.
É usado para dissolver outras substâncias em produtos
cosméticos, para diminuir a espessura de líquidos e prevenir a
formação de espuma.

Encontrado em:

Perfumes.
Fragrâncias.
Cosméticos.
Produtos de limpeza doméstica

Causam:
Reações alérgicas na pele.
Reações alérgicas nos olhos.
Reações alérgicas nas membranas mucosas.
Reações alérgicas no trato respiratório superior.

ETANOLAMINAS

São ingredientes derivados de petróleo.

Aparecem na lista de ingredientes como:

(DEAs) Dietanolaminas.
(MEAs) Monoethanolamine.
(TEAs) Triethanolamine.

Encontrados em:

Produtos para banhos de espuma.
Sabonetes.
Xampus.
Demaquilantes.
Loções de limpeza de pele.

Causam:
Reações alérgicas.
Toxicidade nos órgãos.
Câncer.

ÓLEO MINERAL

Aparecem na lista dos ingredientes também como:

Parafina.
Petrolato.

São derivados de petróleo.

São encontrados em:

Medicamentos.
Cosméticos.
Produtos de limpeza doméstica.
Óleos para bebês. (às vezes em 100%).

Causam:
Toxidade para o sistema imunológico.
Alergias no sistema respiratório.
Obstrução dos poros da pele.
Acne.
Problemas de pele.
Envelhecimento prematuro.

Preste atenção se nos produtos que você usa no seu bebê contém óleo mineral na lista dos ingredientes. Se tiver, evite.

(BHA) HIDROXIANISOL BUTILADO
E
(BHT) HIDROXITOLUENO BUTILADO

Usados como conservantes.

O BHA e o BHT são encontrados em:

Hidratantes.
Produtos para os cabelos.
Maquiagens.
Protetor Solar.
Desodorantes antitranspirantes.
Fragrâncias.
Produtos alimentícios.
Cereais.
Chicletes.
Salgadinhos.

Causam:
Reações alérgicas na pele.
Distúrbios no sistema endócrino.
Desequilíbrio hormonal.
Câncer.
Afeta a saúde do fígado.
Problemas de Tireóide.
Problemas no pulmão.
Problemas no sistema reprodutivo.
Problemas de desenvolvimento.

QUATS

São ingredientes químicos e petroquímicos que contêm um composto de Amônio Quaternário (QAC).
O Quatérnio -15 libera Formaldeído, que é um ingrediente gravemente prejudicial à saúde.
São usados como condicionantes e espessantes.

Como os (QAC) aparecem na lista de ingredientes:
Cloreto de Benzalcônio.
Cloreto de Cetalcônio.
Cloreto de Esteardimônio.
Brometo de Centrimônio.
Cloreto de Behentrimônio.
Colágeno Hidrolisado de Lauril Dimônio.
Éter Dietílico Dimetil.
Cloreto de Amônio.
Sulfato de Dialquil.
Dimetil amônio.
Hidroxietil Metil.
Sulfato de Metil amônio.

São encontrados em:
Condicionadores de cabelos.
Gel para pentear.
Hidratantes.
Sabonete líquido.

Causam:
Ataques de Asma em quem não tem Asma.
Gravidade de casos de Asma.
Desequilíbrio nas funções hormonais.
Diminuição na capacidade reprodutiva.

ETDA

Feitos de alcatrão de carvão, Formaldeído, e o gás tóxico Cianeto de Hidrogênio.

São usados para:

Remoção de impurezas de matérias-primas.
Aumentar a absorção. O que significa que intensificam os efeitos nocivos dos demais ingredientes da fórmula, promovendo uma penetração mais profunda nos tecidos da pele e, consequentemente, na corrente sanguínea.
Como quelante, estabilizante, conservantes e intensificador de espuma.

Não são facilmente biodegradáveis.

Causam:
Reações alérgicas.
Irritação nos olhos.
Irritação na garganta.
Irritação no nariz.
Interferência na produção natural de óleo da pele.
Dermatite.
Câncer.
Disparidade no sistema Reprodutivo como:
Diminuir a fertilidade.
Aumentam o risco de aborto espontâneo.
Danificam o esperma.

PÓ DE TALCO

É um mineral produzido pela mineração de rochas talcas.
Usado para absorção de umidade ou óleo.
Talco impurocontém amianto.
Amianto é conhecido por causar câncer.

Encontrados em:

Pós para bebês.
Em produtos para os pés.
Em pós de primeiros socorros.
Em maquiagens.

Causa:
Câncer de ovário.
Câncer de Pulmão.

PETROQUÍMICOS

São ingredientes químicos derivados do petróleo.
Um número surpreendente dos chamados "produtos naturais",
vendidos em lojas de produtos saudáveis, os contêm.
É difícil detectá-los nos produtos de higiene pessoal e
cosméticos em geral, pois são listados com nomes diferentes,
de propósito.
São uma das principais causas de contaminação das águas.

Aparecem na lista de ingredientes como:

Cloreto de Behentrimônio.
Cloreto de Cetrimônio.
Fragrância.
Perfume.
Glicóis.

Causam:
Câncer.
Interferência na produção natural da oleosidade da pele.
Déficit de Atenção.
Desequilíbrios da pele.
Obstrução dos poros.
Vertigens.
Sonolência.
Anorexia.
Dores de cabeça.
Irritação nos olhos.
Irritação no nariz e garganta.

marie claire

barriga de fora
tratamentos, dieta, ginástica, massagens, microcirurgias para eliminar a gordura e definir o abdômen

SEXO SEM ROTINA
Casais testam brinquedos de sex shop e contam tudo

FIM DO MISTÉRIO
COMO SABER SE ELE ESTÁ MESMO A FIM DE VOCÊ

EXCLUSIVO
Marcello Antony finalmente abre o coração em entrevista para Marie Claire

Homens revelam seus segredos: homeopatia virtual, pensão criminosa, família paralela

Moda
Sandálias, bolsas, colares e óculos: as novidades que modernizam o seu visual

PROMOÇÃO
Eu, leitora
Conte sua história e ganhe uma jóia maravilhosa

65 lançamentos de BELEZA
Perfumes frescos, maquiagem com brilho e cremes de última geração para a pele

DANIELA ESCOBAR, CAPA DE CLAIRE

NOVA

vai dar samba!
edo do prazer para achar e amar seu

onto G
os passos tos, chegu orgasmo que anta-a-ama grite: 10! Nota 10!

TRANSFORME UMA PAIXÃO DE VERÃO EM AMOR PRA VALER

A-há! Descubra que homem
ele é em se
Técnicas conu arrancadas de um a um psicó lazer cair a m revelar as reais dele. Per inocente so entr

10 pechin de b
Produtos que até das poder co Tem o máscara antio

seu ídolo está nu
Xanddy
1,90 m e 100 kg (que fartura!) de puro vatapá baiano. Vem, neném, neném, vem...

Olá, Daniela Escobar

Completamente diferente de sua personagem em América, **DANIELA ESCOBAR** é uma pessoa discreta, serena e elegante. Apesar disso, não nega que tem se divertido ao interpretar uma mulher fútil e interesseira

POR CLÁUDIA DINIZ, DE SÃO PAULO

Uma perua com muita classe

SEM MEDO DE MUDAR

Meu filho estava com 7 anos quando mudamos para os EUA. Eu vinha de uma sucessão de trabalhos que tinha me colocado num momento da minha carreira bastante confortável financeiramente.
Depois que me separei, a ideia de voltar a morar fora do Brasil voltou forte. Eu ainda não era fluente em inglês e queria muito ser. Queria me aprofundar, estudando na fonte, os assuntos que já vinha estudando sozinha, e queria curtir meu filho enquanto ele ainda era criança, porque nos seus primeiros 7 anos de vida posso dizer que trabalhei sem parar.

Trabalhei sem parar porque na minha cabeça nada podia lhe faltar e eu precisava garantir isso. Independente de ele ter o pai vivo, com quem se poderia contar em uma situação de emergência ou necessidade. Eu era muito orgulhosa para pedir qualquer ajuda financeira. Fui criada assim, para ser independente financeiramente.
Então, eu tinha que dar conta sozinha. Me impus isso.

Eu também queria muito que ele fosse alfabetizado em inglês, para ser fluente desde cedo e poder escolher no futuro onde preferisse morar, estudar e trabalhar sem que a língua fosse um impedimento, como era pra mim.
Tracei um plano, trabalhei em dois anos mais do que nos 10 anteriores juntos, juntei uma grana, aluguei minha casa, vendi meu carro e vim.

A vida na Califórnia, pra onde mudamos, me surpreendeu muito. Me sentia segura nas ruas, nas praias, dentro e fora do carro.

Caminhava mais ao ar livre com meu filho pequeno sem medo de ser assaltada, o que me gerou uma tranquilidade que me remeteu aos meus primeiros 10 anos de vida.

Me sentia protegida pelas leis, pelo estado, pela polícia, e até pelos desconhecidos.

Não me assustava mais ser mãe solteira.

Sentia que conseguiria proteger meu filho e lhe garantir qualidade de vida mesmo vivendo uma vida bem mais simples, comparada com a que a que tínhamos no Brasil. Não precisava mais dirigir um carro blindado, e melhor ainda, podia dirigir com as janelas bem abertas, sentindo o vento batendo no rosto, com a certeza de que não ia surgir alguma criatura com uma arma apontada para a minha cabeça quando parasse no próximo sinal.

Relaxei. As gastrites desapareceram completamente.

Comecei a experimentar a cidade, as novidades, o diferente, a estudar a cultura local, em classe e na prática do meu dia-a-dia.

Meu filho se divertia, fez amigos novos rápido, adorava as livrarias incríveis onde passávamos muitas horas juntos. Os cinemas, os museus, as lojas de brinquedos (que hoje não existem mais) e mais do que tudo, as de videogames, que sempre foram sua grande paixão.

Andávamos de patins e bike na beira da praia e podíamos até dormir espalhados na areia sem medo de assaltos.

Me dei conta que não sentia mais medo. E isso foi o que me fez querer ficar.

Eu estudava tudo o que me interessava. Fiz cursos de cinema, atuação, psicologia, nutrição, budismo, Kabbalah, Ayurveda, mercado imobiliário, direção, produção e fotografia para cinema, e de inglês.

Vi a Netflix nascer e com muito pesar as lojas da *Blockbuster* irem fechando uma a uma e dando lugar a *pet shops* ou bancos. Passávamos horas nas livrarias mais maravilhosas do mundo, a Border's, a Barnes & Noble, e com mais pesar ainda, as vi irem fechando em todos os bairros enquanto a Amazon arrebatava as vendas *online*.

Vi os aparelhos de TV afinarem, se curvarem, sair de cima dos armários e ir para as paredes, como quadros.

Vi o BlackBerry revolucionar o mercado dos celulares e morrer em questão de semanas quando o Iphone nasceu.

Vimos as ruas da cidade irem se transformando, casas velhas dando lugar a novas, a 405 *freeway* alargar suas vias, que já eram enormes com 5 faixas de carros, e passar a 7.

No píer de Santa Monica fui a shows de rock na beira da praia em todos os finais de semana do verão, sem gente bêbada brigando, sem confusão com a polícia.

Pais e filhos adolescentes curtindo juntos o entretenimento oferecido pela cidade.

Em uma festa de casamento fui apresentada ao menino que criou o YouTube e rimos juntos quando disseram que aquele "nerdzinho" ia revolucionar o mercado do cinema e televisão. Hoje, 18 anos depois, bem sabemos a força dos *streamings*...

O clima de Los Angeles era perfeito para o meu gosto. Sempre sol, sempre quente e seco. A 1 hora e meia da nossa porta tínhamos as montanhas de Big Bear cobertas de neve no inverno. Foi inesquecível a carinha do meu filho quando viu neve pela primeira vez. E da sua alegria quando aprendeu a esquiar e encontrou no esqui seu esporte preferido.

Fiz alguns filmes de baixo orçamento que não foram muito longe, mas me deram o SAG (Screen Actors Guild) e a oportunidade de frequentar estreias e debates com a presença dos atores e diretores que eu admirava das telonas de cinema, o que me divertia muito e me permitia continuar aprendendo através da experiência desses profissionais que pareciam estar anos luz na minha frente.

Comecei também a dublar séries latinas e a trabalhar com minha voz gravando áudio-livros, fazendo dublagem para empresas, o que era um desejo antigo e serviu para me dar confiança no falar outra língua, continuar o exercício de atriz e, claro, para pagar minhas contas.

Não foquei na carreira de atriz como poderia ter feito porque ainda não era fluente em inglês para decorar 4 páginas de um dia para o outro, como é comum nas *auditions*.

E foram tantas as oportunidades nessas outras áreas do meu interesse que eu ia pulando de um curso para o outro, aprendendo, descobrindo, crescendo e nem via o tempo passar.

Posso afirmar, sem sombra de dúvidas, que nos primeiros 10 anos da minha nova vida nesse país que escolhi pra ser meu novo lar, fui absurdamente feliz. Não dei um espirro, não tive uma dor de cabeça, uma cólica, nem gastrites, nem uma alergia sequer.

Me sentia forte, alegre e acordava animada com a vida todos os dias.

A prática da Yoga entrou na minha vida por eliminatória.
Eu não me acostumava com as academias de ginástica e sua música muito alta, e professores em ritmo sempre muito mais acelerado do que meu corpo aguentava, mas eu precisava fazer exercícios físicos.

Descobri os estúdios de Yoga por todos os cantos da cidade e resolvi experimentar.
Era uma hora e meia de aula e logo de cara meus movimentos intestinais regularizaram como em um passe de mágica. Passei a evacuar no mínimo três vezes por dia quando antes eram só três vezes por semana. Também não demorou muito para eu perceber que a minha gula desenfreada por doces diminuía.
O que me pareceu realmente um milagre.
Apelidei a Yoga de "ginástica para preguiçosos", porque mais da metade da aula é no chão. Nunca mais parei de fazer.

Também voltei a andar de patins na beira da praia pelo menos umas três vezes por semana por duas horas, e nos finais de semana até as pernas cansarem.

Aprendi que a gente só olha pra trás quando não está feliz, quando a gente não faz o que gosta, quando não se abre para o novo, quando nos intimidamos diante do desconhecido. Quando não nos sentimos à vontade no ambiente em que estamos vivendo, quando temos medo de mudanças, quando não temos coragem de encarar o desconforto de frente, investigar o que está nos atrapalhando e buscar alternativas pra resolver, quando não estamos equilibrados.

Em termos alimentares, nos EUA a gente encontra qualquer produto que queira, frescos, a granel, bonitos, gostosos, com preços justos e em variedade suficiente para garantir uma saúde perfeita.

Encontramos também 100 vezes mais opções de produtos congelados, embalados, ultraprocessados, capazes de acabar com a nossa saúde mais rápido do que poderíamos supor. Pensa num chocolate... tem dezenas deles, com embalagens uma mais atraente do que a outra, de todas as cores, sabores e formatos. O mesmo vale para os iogurtes, queijos, biscoitos, pães, bolos, doces, sucos artificiais, refrigerantes e até a água vem em garrafas de todos os formatos, cores e sabores.

Tem tudo de todos os cantos do mundo. São centenas de marcas diferentes e a cada dia aparece algo novo, com uma embalagem mais atraente ainda.

Quando a gente não tem informação sobre o que de fato nos nutre e o que nos inflama, a gente pula dentro. Eu eu pulava.

A Califórnia tem uma influência grande da culinária Mexicana. O abacate, por exemplo, que na tradição gaúcha era para fazer a sobremesa cremosa com leite condensado, aqui está presente em todas as culinárias. Até no sushi tem abacate dentro.

Não é só no *guacamole*. Vem em cima das saladas e pratos quentes também.

A mãe de um dos amigos do meu filho, que tem em casa um abacateiro enorme, um dia me deu uma sacola cheia da fruta, e eu em retribuição fiz o tradicional creme de abacate com leite condensado pra eles, que não conseguiram comer de tão doce que acharam. Diferenças culturais...

Eu já não conseguia comer na comida salgada. Achava esquisitíssimo nos primeiros anos. Hoje coloco abacate até em cima do arroz com feijão. No suco verde, em molhos para acompanhar qualquer tipo de comida.

A variedade de opções de comidas sem corantes já era grande, devido a milhares de casos de crianças com essa alergia. Já a dos produtos sem parabenos ainda não era tão grande como hoje, tinha uma marca só, a *Mineral Fusion*, mas o suficiente para quem já não precisava andar maquiada todos os dias o dia inteiro, o que facilitou bastante a minha vida.

André continuava preferindo frutas frescas aos doces industrializados, e agora as amoras eram as suas favoritas. Eu descobri a batata doce frita e viciei completamente. Existem pelo menos uns 4 tipos de batata doce aqui, que até então eu nunca tinha visto no Brasil. A branca, a amarela, a roxa e a cor de abóbora. Essa da cor de abóbora é bem mais macia e doce do que as outras e frita é ainda mais gostosa do que a batata inglesa frita.

Comíamos comida de verdade, mas comíamos também variedades do que nunca tínhamos provado antes sem medo de que ele pudesse ter a alergia. Na verdade, ele nunca mais teve alergia a corantes, e eu nunca mais tive gastrites, mas tivemos coisas piores bem mais tarde.

Como já era **um hábito meu ler os rótulos de todos os produtos pra ter certeza de que não continham corantes ou parabenos,** fui me familiarizando com os nomes dos outros químicos que eu ainda não tinha ideia para que serviam, porque estavam ali, ou os danos que causavam. Quando comecei a estudar pra valer sobre **as causas das doenças crônicas,** esses químicos foram reaparecendo na forma de **espessantes, conservantes, corantes artificiais, antioxidantes, e açúcar, disfarçados com outros nomes**, e listados como os que "mais deveríamos evitar", como "muito prejudiciais", como "cancerígenos classe 1".

Descobri que eles estão em todos os produtos alimentícios industrializados, inclusive nos que são oferecidos exclusivamente para crianças. Como em cereais matinais em caixas, latas de leite em pó, nas papinhas para bebês. Nas misturas para bolos, gelatinas, pudins, iogurtes, achocolatados, barras de cereal, barras de proteínas, chocolates, todos os tipos de balas, chicletes e biscoitos.

Minha curiosidade aguçou. Comecei a atender palestras, seminários, fazer cursos mais específicos e a devorar documentários e livros que médicos, com mais de 30 anos de prática em seus consultórios, escreveram.

Na maioria das vezes encontrava médicos falando sobre os sintomas, os prejuízos no organismo, como tratá-los com muitas opções de drogas químicas e raramente sobre as causas e como evitá-las.

Encontrar os que já tinham a alimentação como ferramenta principal de cura, na sua prática, foi um pouco mais difícil, mas quando os primeiros despontaram, como o nosso conhecido algoritmo nos ensina hoje em dia, muitos outros foram surgindo na sequência.

Médicos que já tinham lido ou feito parte das centenas de estudos científicos que comprovam que certas doenças crônicas já viraram epidemia no mundo, e que podemos evitá-las priorizando os alimentos anti-inflamatórios na nossa dieta e dizendo não aos que nos causam inflamação.

Médicos com a capacidade de discernir entre os estudos sérios dos financiados pelos interesses financeiros das grandes corporações.

O relato de um médico que
lutou contra a doença e inventou
uma nova maneira de viver

EDIÇÃO
ATUALIZADA
COM NOVAS PESQUISAS
Mais de um milhão de
exemplares vendidos

DAVID SERVAN-SCHREIBER

ANTICÂNCER
PREVENIR E VENCER USANDO
NOSSAS DEFESAS NATURAIS

FONTANAR

ANTICÂNCER

Um belo dia uma amiga da minha idade teve câncer de mama. Tínhamos menos de 40 anos, e até onde eu sabia, câncer de mama aparecia mais em mulheres com mais de 60 anos, em pré ou pós- menopausa e era raro em mulheres mais jovens.

Pouco tempo depois a filha de outra amiga com apenas 28 anos teve câncer de mama. Me assustei bastante. Comecei a pesquisar sobre as causas desse câncer.

Depois de vários documentários e livros lidos, esse da página ao ladome caiu nas mãos e abriu minha mente para detalhes do nosso cotidiano que eu nunca tinha ouvido ninguém falar a respeito. Como, por exemplo, que **o alumínio que está na fórmula de todos os desodorantes é um agente causador do câncer de mama.** Assim como **cozinhar em panelas de alumínio** e usar o **papel alumínio para forrar uma forma** ou para cobrir uma comida que vai ao forno.
O alumínio causa câncer. Não só de mama.

Eliminei da minha vida o papel e as panelas de alumínio e também os desodorantes que contêm alumínio na fórmula. Sabe aqueles que são antitranspirantes ou que "protegem' por mais de 24h? Eles são os piores. **É preciso evitar.**

O médico psiquiatra e neurocientista David Servan-Schreiber, em uma de suas pesquisas, descobriu um câncer em seu próprio cérebro e a partir desse dia se dedicou a descobrir e expor as causas. Nesse livro ele conta sua própria história e onde se esconde o perigo nos hábitos mais simples do nosso dia a dia.

Hábitos esses que são as causas do câncer ter virado epidemia entre pessoas de todas as idades, e ter virado também uma das indústrias mais lucrativas da história da medicina.

David, que foi rofessor de psiquiatria na escola de medicina da Universidade de Pittsburg, e também professor da faculdade de Medicina da Universidade Claude Bernard Lyon, nos **alerta sobre a importância de checar os produtos de limpeza e os cosméticos,** para evitarmos usar os que contenham esses químicos, caso a gente queira se prevenir, **enfatizando o quanto os parabenos são causadores de diversos tipos de câncer.**

CHANGE

OUTRA MUDANÇA

Mesmo tendo emigrado sem conhecer ninguém, sem falar a língua e com um filho pequeno para criar e educar sozinha, nunca duvidei que tudo daria certo pra nós. E estava dando.
Que garantias eu tinha? Nenhuma.
Só tinha a minha certeza, que vinha da minha vontade.
Acreditei sem precisar de nenhum tipo de confirmação externa.
Quando a gente acredita, a coisa funciona.
Mas... Algumas vezes, mesmo acreditando, a gente se sabota sem se dar conta.
Já ouviram a expressão "quando a esmola é demais o santo desconfia"?
Parece bobagem, mas eu estava tão feliz na minha nova vida que comecei a desconfiar... a pensar que algo podia dar errado a qualquer momento.
Bateu um tipo diferente de sentimento, uma culpa misturada com medo de que a vida terminasse de súbito, que algo ruim acontecesse comigo e meu filho ficasse sozinho num país onde não tínhamos nenhum familiar próximo. Até aquele momento nunca tinha sentido nada parecido. O único medo que eu tinha até então era mesmo de agulhas e pessoas covardes.

Quando abri espaço na minha mente e deixei a dúvida entrar, independente de tudo de bom que eu estava vivendo, minha energia mudou. Comprometendo a minha capacidade de discernimento e afetando as minhas escolhas.
Comecei a ouvir opiniões de pessoas que eu valorizava, mas que não acreditavam na vida, e nem em si mesmas, como eu sempre acreditei.

Sabe quando você pede conselhos a alguém ao invés de ouvir e confiar na sua própria intuição?

Porque se seguirmos nossa intuição vamos saber exatamente o que fazer e o que não precisa ser feito, pois a nossa realidade é diferente da realidade dos outros, e por mais que queiram nos ajudar, podem não estar equipados para isso?

Pois é... Se eu tivesse aprendido a meditar nesse momento, teria regulado o foco. Mas... tudo são lições, e quando a gente se distrai muito o tempo voa. E quando vi, já tinham se passado 10 anos.

Depois de 10 anos de muita paz e inúmeras descobertas, vários cursos e estudos no currículo, surgiram dúvidas de para qual lado focar profissionalmente. Se voltava a investir mais na carreira de atriz agora que o inglês já estava razoável, ou se abraçava a psicologia ou a nutrição. Se investia em *real estate*, ou em escrever romances - minhas outras áreas de interesse que sempre alimentei paralelamente.

Em terapia me foi dito que eu precisava focar em uma única área para dar certo.

Será que viemos a esse mundo para experimentar só um caminho?

Já parou pra pensar em o que ou quem influencia você?

Quando um pensamento criativo, um desejo ou um impulso de fazer algo acontece, você tem consciência se está num momento de carência ou de tranquilidade?

Quando uma ideia nos vem à mente e estamos tranquilos, abertos para receber, a gente segue, sem duvidar nem perguntar nada pra ninguém, só seguindo nossos instintos.

Mas se por alguma razão não estamos equilibrados ou abertos, nos bate a dúvida, ficamos pensativos e suscetíveis à opinião alheia.

Eu estava num momento de crescimento, aprendendo um monte de coisas novas, vivendo em um lugar lindo, seguro, estava tranquila... até botar na cabeça que precisava dividir aquela experiência toda com as pessoas que eu amava.
Essa vontade de dividir minha alegria, minha energia, minhas conquistas e descobertas, me confundiu.
E me deixou vulnerável.

Meu filho estava na adolescência e decidir tudo sozinha nem sempre era fácil. Comecei a desejar parceria para dividir as decisões. Às vezes batia a culpa de tê-lo afastado da família toda, mesmo que a intenção tenha sido oferecer uma vida com horizontes mais amplos e mais seguros pra ele.

Eu poderia ter escrito este livro bem naquele momento, ou um roteiro, fazer outra faculdade, mas eu queria era dividir aquele momento especial que estava vivendo com alguém que fosse próximo, e a realidade é que ninguém a minha volta, naquele momento, estava na mesma sintonia que eu.
Os conselhos que eu recebia, em sua maioria, apontavam direções contrárias às que eu estava indo. Ou eram pessimistas ou conformistas demais.
Me senti sem apoio e absurdamente carente.
Alimentando essa carência, comecei a fazer escolhas que me desviaram do meu caminho e fizeram perder mais tempo do que deveria. Traições, por parte de pessoas em quem eu confiava muito, aconteceram dentro e fora do trabalho.

Um dia acordei simplesmente com uma dor absurda no ombro direito. Assim do nada meu ombro travou. Não conseguia levantar ou abaixar o braço sem a ajuda da outra mão. A sensação era como se o braço estivesse muito pesado, e a qualquer minuto fosse descolar do corpo e cair.

Não tinha uma explicação lógica, eu não tinha machucado, nem batido, e mesmo que tivesse dormido sobre o braço a noite inteira, não doeria tanto.
Eram choques bem no ombro como se o músculo de sustentação tivesse rompido. No meu da tarde eu já chorava de dor. Nunca tinha sentido uma dor física tão forte desde a do parto.

Nessa mesma noite eu tinha o show da Pink pra ir. Não quis desmarcar, era minha cantora favorita, acreditei que a dor passaria logo e fui.
O clube era bem pequeno e todos em pé. Por mais educadas que fossem, na empolgação da música e da dança, as pessoas encostavam em mim, e eu disfarçava para não estragar o momento, mas me dobrava de dor.

No dia seguinte, procurei um médico ortopedista que, depois de fazer um raio X, me aplicou uma injeção de cortisona no ombro. Disse que eu tinha "Tendinite por Calcificação".
Perguntei o que tinha causado aquilo. A resposta foi que era aleatório, acontecia com frequência em mulheres entre 25 e 50 anos. Algo tipo azar mesmo.
A explicação me soou inapropriada vindo de um médico pós-graduado para uma paciente adulta.
Ele tinha feito uma faculdade de medicina, uma especialização em ortopedia, tinha seu consultório em Beverly Hills, que não é exatamente um dos endereços mais baratos da cidade, não era um recém-formado, o que me fez concluir que ele devia saber. E também que seria mais ético da sua parte se tivesse me dito.
Mas só disse mesmo que se a dor não passasse em uma semana, era para eu voltar lá que ele me daria outra injeção igual aquela. A cortisona doeu mais do que a dor medonha que eu já estava sentindo no ombro.

142

I NEVER KNEW HOW STRONG I WAS UNTIL I HAD TO FORGIVE SOMEONE WHO WASN'T SORRY, AND ACCEPT AN APOLOGY I NEVER RECEIVED.

Sem saber a causa e sem poder contar com a empatia do doutor em questão, tomar aquilo de novo estava fora dos meus planos.

Um colega de classe de uma das aulas de Inglês que eu fazia, ao me ver segurando o braço, sem conseguir escrever direito, com os olhos marejados de dor, me disse pra não tomar remédio nenhum, só fazer exercícios com um pesinho de 2 quilos pra cima e pra baixo e abrindo e fechando a mão com uma bolinha de tênis, que passaria. Disse que era lesão por movimento repetitivo, que ele já tinha tido aquilo algumas vezes, e com o mesmo diagnóstico que me tinham dado. Ele era jogador profissional de tênis e tinha 27 anos.
Então era ou não Tendinite por calcificação? Fiquei sem saber. Uma semana inteira, a dor ainda não tinha passado e mesmo assim eu não voltei ao consultório *fancy* do ortopedista em Beverly Hills.
Comecei a fazer os exercícios que meu colega tinha indicado.

Tenho o hábito de observar o lado emocional quando algo me atinge o corpo físico. Comecei a perguntar ao universo: por que aquilo estava me acontecendo? O que eu não estava prestando atenção e que precisava urgentemente prestar, para estar levando tamanho puxão de orelha da vida?

Sem conseguir me ensaboar direito no banho, nem pentear os cabelos ou escovar os dentes, comecei a repensar a vida. A perceber tudo o que tinha em volta e o quanto a mais do que precisava eu tinha.
E se eu não conseguisse mais me maquiar? Para que tantas maquiagens e produtos para o cabelo?
E os badulaques para o pescoço, orelhas, dedos, pulsos? E se meu braço não funcionasse nunca mais?

E se eu não conseguisse mais me vestir sozinha? Meu *closet* tinha roupas suficientes para vestir 10 famílias.

Pode parecer exagero, mas não é. Cada pessoa tem seu caminho para chegar às mudanças. Para cada uma acontece de acordo com o que lhe será mais eficaz.
No meu caso, o jeito mais eficaz foi a dor física. Foi o que fez eu me conectar imediatamente comigo.
Parei tudo e comecei a prestar atenção. A olhar pra dentro. A tirar o excesso, não só dos armários, mas da minha vida em geral.
Eu tinha que perdoar umas pessoas e não estava conseguindo. Algumas eu precisava entender que não tinha como carregá-las mais nas costas - metaforicamente falando - porque estava me pesando demais...
Tem muita gente vivendo no modo sobrevivência sem ter consciência disso, outros tantos não têm noção de educação, e muitos são oportunistas mesmo.
Foi preciso me afastar de algumas pessoas por quem eu nutria forte afeto, e como não tinha aprendido ainda a lidar com certas perdas sem deixar que me afetassem tanto, uma tristeza profunda ficava em mim.
Enquanto me julgavam ou subestimavam, eu ainda me culpava por as ter superestimado.

As lições não foram desperdiçadas. Observar minhas atitudes foi me ensinando que às vezes a gente se apega a pessoas por um romantismo ingênuo de querer dividir nossas conquistas, achando que as vai inspirar ou encorajar a não desistir de ir atrás das suas próprias.
Me era difícil acreditar que pudessem deliberadamente me fazer mal, mas algumas fizeram. E justo as para quem abri minhas portas.

Aprendi que nada nessa vida é mais precioso do que nosso tempo. E que eu devia valorizar mais o meu e só compartilhá-lo quando realmente necessário.

Eu era nula com a mão esquerda. E precisei de toda a concentração da vida para conseguir me vestir, me secar direito depois do banho, pentear os cabelos, escovar os dentes, me alimentar e alimentar os filhos de duas e quatro patas.

Comer com a mão esquerda era muito mais complicado do que pude imaginar. Enfiava o garfo na gengiva e machucava, quando não derrubava tudo antes mesmo de acertar a boca. Precisei da ajuda do meu filho para abrir e fechar minha roupa. Ir ao banheiro para um simples xixi se tornou um evento. Precisei de muita força pra me levantar algumas vezes. Chorei de dor escondida, muitas vezes, porque tinha botado na minha cabeça que meu filho não podia me ver fraquejar.

Isso tudo durou uns 20 dias, e assim como veio a dor se foi. Sumiu. E nunca mais voltou.

Mesmo entendendo o quanto é difícil para algumas pessoas, agir com respeito, compaixão e consideração, certos comportamentos me faziam tão mal que eu paralisava dias inteiros, tentando entender de onde vinha essa dificuldade toda.
Enquanto eu tentava entender eu me entupia de sorvetes e chocolates, e sashimis, e omeletes, e queijos, e iogurtes e batata doce frita.
Saladas ainda não faziam parte do meu dia a dia, eram só acompanhamentos, quando não tinha a batata doce frita. Essa batata doce frita tinha virado um vício. Era a única fritura da minha vida, mas que eu comia quase todos os dias.

A batata-doce é super saudável, mas o óleo na temperatura de fritura é veneno. E claro que a grande maioria dos restaurantes não usa um bom óleo de coco ou de abacate para fritar. Usam os mais baratos, que são os de canola, milho e soja. Nada recomendável.

Eu não comia mais carnes vermelhas, nem enlatados, nem salsichas, pois a essa altura já tinha aprendido que são cancerígenos classe 1. Mas ainda **não conseguia digerir** falta de educação, de discernimento, covardia, oportunismo, dissimulação e mentiras. Situações assim me desequilibravam e as emoções ficavam como que entaladas em mim.

Emoções alteradas e entaladas... Inflamei.

Poderia dizer que meu corpo inflamou?
Sim, poderia... Mas a verdade é que fui eu mesma que causei a inflamação pelos meus péssimos hábitos alimentares somados a minha inabilidade de lidar e digerir certas atitudes.

As causas das doenças crônicas podem ser atribuídas 30% ao que colocamos no nosso corpo em forma de comida ou produtos de higiene, limpeza e cosméticos, e 70% às nossas emoções. Nossas dores, mágoas, rancores, desafetos, relações mal resolvidas e emoções não digeridas nos afetam a nível celular tanto quanto.
Eu tinha entendido só metade da lição. E a vida agora iria me mostrar a parte que faltava... o que eu não estava ainda conseguindo entender...

A dor no braço tinha desaparecido completamente e num intervalo de umas duas semanas começou uma dor forte no lado esquerdo da barriga que me fez parar no atendimento de emergência 2 vezes.

Testaram meu sangue, me enfiaram naquelas máquinas que escaneiam o corpo da cabeça aos pés, e não acharam "nada preocupante".

O primeiro dos médicos, um gastroenterologista conceituadíssimo na cidade, em seu luxuoso consultório também em Beverly Hills, que era onde eu morava na época, disse que eu tinha uma bactéria no estômago, e queria me vender um remédio que custava a bagatela de $2000.00 (dois mil dólares!). Perguntei se teria algum genérico que não fosse tão caro, e fui informada por sua secretária que não, não tinha, o remédio era só aquele e eu teria que comprar ali mesmo com ele.

Liguei para o meu irmão (que é cirurgião gastro) e perguntei sobre o tal remédio. Ele me disse que no Brasil, importado daqui dos EUA, custava $100.00 (cem dólares). Disse ainda que pela fórmula o que estavam me receitando era nada mais do que o equivalente àqueles leitinhos fermentados que vendem em garrafinhas plásticas bem pequeninas. No Brasil o mais conhecido é o Yakult. "Ele está te cobrando dois mil dólares por um Yakult em cápsulas" - disse meu irmão - "Ou ele mesmo é o detentor da patente do tal remédio ou está tirando vantagem". Eu tinha chegado em seu consultório com muito medo e com muita dor. Essa dor e esse medo provavelmente devem ter me estampado um ar de "presa fácil" no rosto... E ao invés desse profissional da saúde se compadecer, foi oportunista.

A segunda médica me disse que eu tinha Diverticulite, me proibiu de comer sementes de qualquer espécie e me deu um antibiótico que tomei por um mês e as dores só aumentavam. Fui parar na emergência mais uma vez.

Eles me escanearam de novo, me deram morfina e a dor só aliviou 50%.

Fiquei com medo da morfina e mais ainda do fato de não ter funcionado. Se a Morfina não tinha aliviado a dor, óbvio que era algo mais grave.

Eles garantiram que eu não tinha câncer ou nada parecido na região que doía, mas que eu "devia ir a um mastologista urgente porque eu tinha um nódulo suspeito na mama esquerda, que poderia ser câncer".

Oi??????

A dor era tão forte que me distraía do que estava de fato acontecendo ali...

Naquele nível de hospital, considerado o melhor da cidade, eu com dor no baixo ventre e eles dizendo pra eu checar a mama???

O terceiro médico parecia ter saído de um filme de época dos anos 20 e o consultório dele parecia ter sobrevivido à Primeira Guerra Mundial. Ele mostrava com muito orgulho a cadeira toda arrebentada que mantinha há 50 anos em seu consultório, assim como sua mesa. Mostrava os diplomas na parede, enquanto desenhava em um post-it os detalhes de como seria a cirurgia que eu deveria fazer para resolver o meu problema.

Fiquei compadecida. Ele era vovozinho fofo. Um misto de sentimentos em segundos. Era incrível ele ainda estar na ativa, mas também senti muito medo de ser operada por ele.

Decidi que iria para o Brasil. Se o problema era no intestino eu tinha na família dois cirurgiões gastro que poderiam confirmar isso.

Meu namorado, que tinha perdido a mãe com câncer de intestino, sentiu medo de não me ver nunca mais e correu para achar outro médico na tentativa de que eu não saísse de Los Angeles e conseguiu um encaixe de última hora para o mesmo dia.

O quarto médico tinha seu luxuoso consultório em uma das torres do mesmo hospital onde eu tinha ido em emergência todas as vezes, e onde me garantiram que eu não tinha nada grave na área do corpo que doía.

A consulta tinha sido marcada em cima da hora, entrei lá e sem que eu sequer tivesse aberto a boca para explicar o que estava sentindo, sem esse médico nunca ter me visto antes, nem sequer ter me examinado, foi logo dizendo que eu tinha câncer de intestino estágio 4. Que eu tinha que operar imediatamente e depois fazer quimioterapia, radioterapia e possivelmente teria que ficar com aquela bolsinha de colostomia pendurada no corpo por alguns meses ou para sempre, o que só poderia ser confirmado depois da cirurgia.

A cirurgia precisava ser feita imediatamente e o custo ficaria em torno de $80 mil dólares, fora a parte do hospital.

Estágio 4??

Mas esse não é o último? Não é o que chamam de metástase, quando a inflamação já se alastrou por outros órgãos vitais? Então eu ia morrer? Como ele podia afirmar o estágio 4 se nem me examinado ele tinha?????

Na hora eu não me dei conta disso. Quando ele disse o estágio da coisa, só pensei no meu filho. Que não era mais uma criança, mas ainda morava comigo. Tinha acabado de se formar e ainda não tinha começado sua carreira...

O *Pet Scan* não tinha detectado isso??

Quando você entra na emergência de um hospital, mesmo que seu plano não cubra aquele determinado hospital, se você precisar de uma cirurgia de emergência, pela lei Americana, eles são obrigados a fazer.

O meu plano não cobria aquele hospital e eu precisava de uma cirurgia de emergência.

O médico deve ter visto o resultado dos meus exames de quando fui atendida na emergência desde a primeira vez! Detalhe, eu não tinha os exames em mãos. Então, obviamente, deveriam estar no sistema do hospital, do qual ele era vinculado. E se estavam no sistema do hospital, eles sabiam o que eu tinha desde a primeira entrada na emergência.
Eles tinham deliberadamente me mentido, então?
E agora, como eu estava em um consultório particular, estavam dizendo a verdade? A indústria da medicina me assustou mais do que o próprio câncer. Não tive medo de morrer, tive medo da ideia de virar estatística, de ser morta por eles.

Voltei pra casa me dobrando de dor e com a preocupação de que não podia deixar meu filho desamparado. Disse a ele que precisaria ir ao Brasil, precisava operar com urgência, e que pelo que tinha ouvido dos médicos, eu poderia nem sair viva. Não queria assustá-lo, mas ao mesmo tempo queria prepará-lo para a parte prática caso eu morresse na cirurgia.

Estávamos com o apartamento todo encaixotado, pois nos mudaríamos em duas semanas. E um cachorro reservado num abrigo para fazer surpresa pra ele, assim que mudássemos. A ideia era ele dar de cara com o bicho assim que entrasse na casa nova. Meu filho queria muito ter um cachorro de porte grande e eu tinha conseguido uma casinha com um pátio e um jardim onde seria possível realizar seu desejo.

Eu disse a ele onde estavam os documentos da casa, os dele, os meus, onde estavam as informações de banco e deixei a mudança já agendada e paga. No dia seguinte embarquei direto para Porto Alegre, sul do Brasil, onde mora minha família. Embarquei e desembarquei em uma cadeira de rodas, não conseguia andar de tanta dor.

Refiz todos os exames. Eu tinha uma obstrução no intestino. Uma inflamação de 5 centímetros. Os alimentos não tinham espaço para passar, por isso a dor absurda que eu sentia. O cirurgião (e 5º médico) me explicou que **câncer, como toda doença crônica, é uma inflamação, e que isso não aparece da noite para o dia, que eu devia estar "alimentando" essa inflamação por, no mínimo, uns 10 anos.**

Lembrei de todas as porcarias que eu comia. Dos doces, dos congelados quando dava preguiça de cozinhar, dos sucos comprados prontos, dos iogurtes cheios de corantes, e de todas as mágoas não curadas que deviam estar inflamadas em mim.
Lembrei de tudo o que eu já tinha estudado e aprendido até aquele momento e o quanto ainda não aplicava esse conhecimento todo na minha própria saúde de forma definitiva.
A vida agora estava me mostrando que não adiantava só acumular conhecimentos, se não os estava aplicando 100% na minha própria vida.
Provavelmente não estava passando por aquilo tudo à toa.
A lição estava bem ali estampada na minha cara. Mas a dor, agora aguda e física, não me deixava ver.

Fiz a cirurgia.
Quando abri meus olhos, lá estava eu ligada a máquinas que monitoravam meu coração, a pressão arterial e remédios fortes para prevenir infecção e dor. O cirurgião entrou no quarto bastante satisfeito dizendo que a cirurgia tinha sido um sucesso.

Disse que tinha retirado alguns centímetros a mais por precaução e estava tudo limpo por dentro, que eu estava nova em folha, que eu ficaria mais uns três dias no hospital só até o intestino funcionar e podia voltar pra casa.

Agora era relaxar, me recuperar para sair dali o mais rápido possível.

Perguntou se eu tinha alguma pergunta a fazer ou se estava sentindo alguma dor. Eu tinha acabado de abrir os olhos, aparentemente estava me sentindo bem, não tinha nenhuma pergunta imediata, pensei que o pior já tinha passado.

Foi só ele sair do quarto que o efeito da anestesia passou.

E o pesadelo parte 2 começou.

A dor era grande, agora na barriga, onde o corte tinha sido feito. O remédio para a dor me causava taquicardia, meu coração acelerava a ponto de eu pensar que ia explodir ou parar.

O remédio para fazer a pressão subir, fazia as veias do meu pescoço dilatarem e pulsarem mais do que o normal. Ardia muito e parecia que também iam estourar. Perguntei a uma enfermeira por que precisava tomar remédio para fazer a pressão subir se minha pressão estava normal.

A resposta foi que "para o padrão geral estava baixa demais".

Só que os números muito baixos eram o "meu normal".

Tive pressão baixa a vida toda. "Ah, mas agora ela tem que subir um pouco mais por causa da cicatrização".

Perguntei se não podiam diminuir a dose.

"Isso só o médico poderia dizer", e o médico só voltaria no dia seguinte.

Eu tentava respirar fundo, relaxar para sentir menos, para acalmar os batimentos e não conseguia. Olhava o relógio na parede a cada 5 minutos na esperança que já tivessem passado algumas horas. Quando eu estava quase pegando no sono a máquina que media os batimentos cardíacos apitava alto e eu assustava. Não sabia o porquê estava apitando e ninguém aparecia.

Eu ouvia pessoas conversando em voz alta do lado de fora do quarto.

O medo ia crescendo, o apito não parava, então eu acionava a campainha. Entravam nada silenciosos, um ainda conversando com o outro que tinha ficado do lado de fora, enquanto mexiam na máquina, faziam parar de apitar e saiam falando tão alto quanto antes.

Na quarta vez perguntei por que estava apitando e disseram que "era assim mesmo, acontece".

Acontece por quê? A máquina estaria desregulada?

Ou detectava algum problema comigo?

Eu tinha saído de uma cirurgia algumas horas antes, podia ser alguma complicação...? Não sabiam dizer, só me olhavam assustados, e eu não entendia se era por causa das perguntas que eu tinha feito ou por eu ter interrompido a conversa animada deles.

Depois de algumas horas daquilo, percebi que se eu não dormisse a máquina não apitava. Se eu não tomasse o remédio para a dor, o que acelerava os batimentos cardíacos, a máquina também não apitava.

Comecei a dizer que não estava sentindo dor para que parassem com um dos remédios pelo menos.

Era impossível saber qual deles ou se a combinação dos dois é que não estava me fazendo nada bem, o fato é que eu vomitava o que não tinha no estômago e tinha medo de ter um infarto.

Só que eu precisava dormir, se não relaxasse, não seria possível evacuar, e sem evacuar eu não saía dali.

O estresse foi evoluindo... O relógio da parede não andava... Os enfermeiros que só entravam no quarto para aplicar os remédios dos quais diziam não saber muito a respeito, continuavam contando piadas, em voz muito alta, no corredor bem do lado de fora da porta dos quartos, não havia silêncio nem de madrugada.

Era o corredor da UTI, onde estão internados pacientes em tratamento intensivo, os que mais precisam de sossego. Como poderíamos relaxar e descansar com aqueles profissionais às gargalhadas do lado de fora dos quartos?

Como era possível tamanho desrespeito dentro da UTI de um hospital? **Por que** ninguém supervisionava aquela bagunça? A frieza daquelas pessoas me incomodava e assustava ao mesmo tempo.

Havia também as trocas de lixo 6 vezes por dia (6 vezes!!!). A lixeira que estava dentro do quarto era do tamanho da do corredor do meu prédio. Por que teria uma lixeira de mais de 150 litros no quarto de uma UTI se seria trocada a cada 4 horas, inclusive durante a madrugada?

Nas trocas da madrugada, entrava um ser humano que simplesmente acendia a luz na minha cara e anunciava em voz alta que ia fazer a troca de um lixo que se não estava vazio, tinha no máximo dois pares de luvas descartáveis dentro.

Já que o desperdício de trocar 2 vezes um saco vazio por outro precisava acontecer enquanto eu deveria estar dormindo, ela não podia pelo menos fazer isso em silêncio?

Por que eu precisava ser informada sobre a troca do lixo se não era informada do porquê a máquina que monitorava meus sinais vitais estava apitando?

Por que a luz precisava ser acendida no meio da madrugada, atrapalhando o sono no qual eu deveria estar imersa para me recuperar, caso tivesse tido ambiente propício para dormir?

Essas pessoas tinham alguma noção que estavam dentro da Unidade de Tratamento Intensivo de um hospital e não nos corredores de um hotel? Noção vem de se ter discernimento. Se tivessem, fariam diferente com certeza.

Percebi que não era frieza, era falta de discernimento mesmo. Falta de um treinamento adequado para o ambiente em que estavam trabalhando e para o trabalho que estavam realizando.

Fui ficando perplexa com a falta de bom senso, de competência administrativa, de respeito para com os doentes, com o desperdício de materiais, com a falta de preparo, treinamento e discernimento dos funcionários e enfermeiros que entraram no meu quarto naqueles dias que fiquei ali.

No terceiro dia meu corpo cheirava como aqueles moradores de rua que estão sem banho há meses.

Tudo gerado pelo estresse Pelo medo do que pudesse me acontecer se eu reclamasse do barulho do lado de fora do quarto, ou da rudeza com que administravam os remédios, se pedisse para não acenderem a luz na minha cara no meio da madrugada ou para que não trocassem o lixo que continuava vazio, fazendo tanto barulho.

Pelo desamparo que senti no momento que mais precisava que um profissional atencioso estivesse ali, ao meu lado, para que eu pudesse relaxar e me recuperar.

Pra mim foram dias de terror, sem dormir, sem comer, vomitando e, claro, sem evacuar. Senti medo de morrer depois de já ter sido salva da condição que me colocou lá dentro daquele hospital.

Foram só 3 dias, mas o estresse foi tanto que eu perdi 10 quilos. Dez quilos em três dias!!

No 4º dia, ao invés da alta, fui transferida para um quarto fora da Unidade Intensiva, pois eu não podia ir pra casa se não evacuasse.
Eu mal conseguia andar, sentar e levantar sem ajuda.
Foi como se a musculatura do meu corpo tivesse desaparecido em apenas 3 dias.

Minha amiga Gisela veio ficar comigo. Eu precisava urgente de um banho e ela ficou segurando a minha mão enquanto eu me lavava, pois tínhamos medo que eu caísse no chuveiro.
Já tinha me acontecido uma vez de ficar de cama uma semana inteira por conta de uma gripe forte, sem ter perdido um quilo sequer, nem a musculatura das pernas.
Como podia eu não conseguir levantar e sentar sozinha depois de só três dias?
Eu não falava muito, a dor era intensa, e até falar contribuía para doer mais...Depois que tudo passou, ela me contou que a expressão do meu rosto era de puro pavor.

Se aquilo estava acontecendo comigo, num hospital particular, considerado um dos melhores da cidade, como deveria ser em um hospital público?
Lembrava das vezes que tinha visto pela televisão os horrores que pessoas passam largadas em macas pelos corredores de hospitais, esperando para serem devidamente atendidas....
Eu tive o atendimento adequado na sala de cirurgia, mas nos dias seguintes não tive um ambiente adequado para uma recuperação adequada.
Nesse quarto fiquei mais dois dias, e nesses dois dias entrou uma fisioterapeuta para "me ajudar" a levantar e baixar cada perna cinco vezes e ia embora. O custo disso era R$5000.00 mil reais cada vez que ela vinha. Uma vez de manhã e uma à tarde. A bagatela de R$2500.00 por 5 flexões

em cada perna. Foram R$20,000.00 pelos dois dias, para 5 levantadinhas de perna, que eu absolutamente não precisava do acompanhamento de uma fisioterapeuta para fazer.
O que vocês acham disso? É ou não é uma mina de ouro esse negócio de hospital? Não parece muito lucrativo empurrar qualquer coisa quando as pessoas estão absolutamente frágeis, se sentindo desamparadas ou amedrontadas?

Os valores do cirurgião e do anestesista, quem tinham de fato feito o trabalho de me salvar a vida, tinha sido 10% da conta total do hospital.
Naquele momento entendi que precisava prestar mais atenção ao que comeria dali em diante para nunca mais na vida correr o risco de inflamar meu corpo, para nunca mais na vida correr o risco de precisar ficar dias dentro de um hospital, que o preço a pagar é bem maior do só a conta dos "serviços prestados".

VOCÊ ACREDITA EM COINCIDÊNCIAS?

Eu tinha uma conta de hospital bem salgada pra pagar. Dava pra comprar um carro novo. Meu plano de saúde era válido só em território nacional americano, onde moro, e não tinha nenhum no Brasil, portanto tudo deveria sair do meu bolso mesmo.

Do hospital fui para a casa do meu irmão, onde ainda ficaria os 30 dias seguintes me recuperando até estar liberada para poder encarar as 24h de avião pra voltar pra casa.

Deitada no sofá, olhar fixo no teto, lembro de ter respirado fundo, reavaliando a vida, tentando esvaziar a mente quando o telefone tocou.

Era a minha agente dizendo que eu tinha recebido um convite para fazer uma série em uma emissora de TV na qual eu nunca tinha trabalhado antes.

Seria sobre o fim do mundo, o Apocalipse, o último evangelho da Bíblia. Começaria em um mês, no Rio de Janeiro, e seriam sete meses de trabalho no total.

Perguntou se eu queria fazer.

Você acredita em coincidências? Eu não.

Eu acredito que tudo nessa vida acontece por uma razão.

Mesmo quando, em muitas ocasiões, não fique claro pra mim na hora quais razões poderiam justificar tais acontecimentos.

Achei interessante o assunto "fim do mundo", principalmente naquele momento, e os custos com os médicos, cirurgia e hospital estariam pagos.

Aceitei fazer.

Fechei os olhos e adormeci. Era a primeira vez que eu dormia em sete dias.

Esses 30 dias, foi o tempo de processar tudo o que eu tinha visto, ouvido e vivido nos últimos 2 meses.

Pular de médico em médico, ser diagnosticada errado de propósito por alguns para continuarem me arrancando dinheiro, e por incompetência mesmo por outros, evidenciou o pouco valor que tem o ser humano para essa mega indústria.

Lembrei de quando minha tia Soely morreu alguns anos antes. A tia mais animada e cosmopolita da família lá do início do livro, lembram?

Ela fez cirurgia de coração. Colocou um marca-passo e fez ponte de safena. Eu estava com ela no hospital, no Rio de Janeiro, quando se operou.

Era dezembro, e em compras de Natal eu comprei o livro do Cardiologista William Davis. Li nos três dias em que fiquei no hospital com ela.

Dr. William, com respaldo de décadas de estudos científicos comprovados, deixa claro em detalhes em seu livro por que produtos feitos com farinha de trigo causam danos ao coração e deveriam ser evitados, principalmente por quem já teve ou tem algum problema nas artérias ou no coração. Ela já tinha alguns stents. Alimentos feitos com farinha... como biscoitos, pães, bolos, era exatamente o que estavam servindo pra ela.

Hospital novo, equipamentos de última geração, ela tinha o melhor (e mais caro) plano de saúde, e aparentemente um dos melhores cardiologistas da cidade.

Conversei com ele sobre o que tinha acabado de ler. Ele desdenhou os estudos e a visão do cardiologista americano, cujo livro se tornara um *best-seller* internacional, sem demonstrar nenhum conhecimento ou interesse a respeito.

A comida que servem para os recém-operados (pra mim foi a mesma coisa) se resume a queijos ultraprocessados com pão ou biscoitos ultraprocessados, gelatina (cheia de açúcar) e nenhuma fruta fresca. Vieram frutas em um potinho mínimo, parecido com aqueles que servem na classe econômica dos aviões, cujas frutas eram também ultraprocessadas.

Açúcar e farinha de trigo são conhecidos como cancerígenos classe 1. Classe 1 são os que a ciência não tem dúvida alguma que são **os que mais causam câncer.** Portanto, uma pessoa recém-operada de câncer também não deveria comer isso jamais.
Queijos ultraprocessados causam inflamações, gases, e alergias diversas. Farinhas brancas causam entupimentos nos vasos sanguíneos, nas artérias, no coração, dores de cabeça, fermentam nos intestinos...

Minha tia saiu do hospital, passou o Natal, o Ano Novo e meu aniversário em casa. Um mês sentindo-se ótima. No segundo mês, tia Soely começou a sentir falta de ar e voltou ao hospital. Após exames eles disseram que ela estava bem, que a safena estava funcionando sem problemas, "não havia motivos para a reclamação da falta de ar".
Mais uma vez eu estava lá no hospital com ela.
Lembro quando ela me olhou séria nos olhos e disse que estava com medo, e de eu ter saído correndo pelos corredores do hospital em busca do cardiologista dela ou qualquer outro que estivesse disponível. Sem esconder o desespero que eu estava sentindo e a urgência por atendimento.
A "reclamação" era que ela não conseguia respirar direito.
Veio uma enfermeira muito simpática, que verificou a pressão dela e disse que "tudo estava normal, que eu não precisava me

preocupar, que ela devia estar assustada, mas nada estava errado, que eu não precisava me preocupar porque pessoas de idade reagem assim mesmo".

Quando o médico apareceu, seu parecer não foi muito diferente. Ele, completamente indiferente, parecia que tinha desistido dela. Também reafirmou que ela estava bem.

Ela morreu duas horas depois.

Ela era mais uma idosa que não faria diferença na vida daqueles "profissionais da saúde". Se é que se pode chamá-los de profissionais...

O fato é que ela estava com falta de ar, estava morrendo asfixiada e não "reclamando" como eles disseram.

Talvez ela estivesse custando muito para o plano de saúde, cujo hospital levava o nome, eram os donos.

Talvez tenha sido incompetência mesmo do renomado cardiologista, e ele jamais iria admitir.

Talvez se tivesse estudado um pouco mais teria sabido perceber os sintomas um pouco melhor. Talvez tenha sido falta de interesse de salvar a vida de uma senhora de 80 anos.

Talvez se tivesse mais compromisso com o juramento feito no momento da sua formatura teria feito a diferença. Ou talvez só um pouco mais de humanidade mesmo.

Esses são profissionais que fazem parte do grupo dos "melhores" que nossos planos de saúde e nosso dinheiro podem pagar.

E que diferença faz?

Teria sido fácil provar que foi negligência médica? Não, não seria fácil provar, pois uma classe inteira se juntaria para preservar seus "empregos", os donos do hospital para preservar seu bom nome e seu negócio. Custaria caro, levaria anos, e não a traria de volta.

Então, pra quê?

Saber como funciona a indústria das doenças, a dos remédios, a mesquinhez humana, a ingenuidade dos que acreditam nos sistemas de saúde, nas promessas vazias e na insensibilidade dos políticos, e a nossa impotência diante disso tudo, vendo pelos documentários, pelos livros e pela experiência de outras pessoas já me era muito triste e já tinha me causado muita indignação. Mas experimentar isso tudo na própria pele foi transformador.

Levantei diferente daquele sofá depois dos 30 dias.
Ficou muito mais claro o quão doente o mundo está.
O quanto tudo é nivelado bem por baixo de propósito.
O quanto tudo podia ser muito melhor e mais interessante pra todo mundo e não é, de propósito. O quanto profissionais de todos os níveis têm mais medo de perder seus empregos, seus postos, seus salários, do que lutar pela vida de alguém.
Os cidadãos não têm educação de qualidade de propósito, não têm saúde de qualidade de propósito, não têm saneamento básico e segurança pública na maioria das cidades do mundo de propósito.
A disparidade socioeconômica é o que beneficia os cofres públicos. É como a maioria dos governos e das grandes corporações lucram mais. E como nos manipulam e controlam.
Vendem suas ideias e produtos nocivos para os países de terceiro mundo de propósito, alimentam a indústria da fome e a terceirizam aos cidadãos, de propósito.
E esse propósito é uma ganância institucionalizada e generalizada.
E salve-se quem quiser. Sim, quem quiser, pois é preciso querer e muito.
É preciso termos propósitos muito firmes para não desistirmos desse grande hospício que se transformou o planeta Terra.

Para não nos deixar engolir por todos esses esquemas e desanimar.

Eu pensava no meu filho o tempo todo. No mundo medíocre que ele teria que enfrentar, que essa mediocridade não dependia de classe social ou condição financeira, estava presente em todas... e que eu não queria desistir por ele.

Ele ia ficar feliz com o cachorro grande que tanto queria, com a casa nova onde poderia fazer todos os barulhos que quisesse sem se preocupar com os vizinhos de baixo, ou do lado. Os bichinhos teriam mais espaço. E eu poderia ter uma horta. A casa tinha uma árvore já madura de laranjas - minha fruta preferida - e eu não via a hora de subir nela para colher. A vida profissional dele estava prestes a começar e eu tinha a certeza de que ele ia arrasar como o grande ator que é. Ele tinha feito nossa mudança com a ajuda de uma amiga e do meu namorado. E agora estava sozinho em uma casa, não mais em um apartamento. O que me preocupava um pouco.

Quando eu voltava o pensamento para os motivos que tinham me levado até ali, mais claro ficava que a gordura hidrogenada + quilos de açúcar = sorvete, consumidos diariamente, eram só 50% da equação, os outros 50% tinha sido totalmente emocional mesmo. A minha dificuldade em perdoar e desapegar de certas pessoas e dores do passado era o que mais tinha contribuído para alimentar essa minha inflamação.

O apego a ideias de como certas situações deveriam se desenrolar, ao contrário de como se desenrolaram de fato na realidade da minha vida, tinham me impedindo de entender que no meu caminho nem sempre eu teria a companhia dos que eu amava mais, que nem sempre eu teria companhia. Porque a nossa estrada será compatível com a nossa necessidade de crescimento e não com a das pessoas que gostaríamos que estivessem no mesmo momento que nós, se essa não for a realidade delas.

Não precisei da quimio, nem da radioterapia, nem da colostomia, e ainda me foi dito que eu podia voltar a comer o que quisesse. Tive a certeza de que não era mais uma questão de querer e sim, de dever.

Eu **não deveria** comer o que quisesse, **pois se eu voltasse aos mesmos hábitos anteriores provavelmente teria a mesma coisa de novo, seria só uma questão de tempo.**

Não era óbvio?

Para a maioria das pessoas a minha volta não parecia óbvio. Apegadas que são a seus hábitos e costumes sociais que, mesmo podendo lhes causar a vida, preferem manter.

Era óbvio só pra mim.

A necessidade de satisfazer o primitivo prazer oral ainda é muito forte para um número muito grande de humanos.

Antes de começar o trabalho fui pra casa, precisava muito abraçar o meu filho, o Scothinho e o Gato. E pegar roupas para os próximos 7 meses de trabalho que teria pela frente. O cachorro novo ia ter que esperar um pouquinho mais, e subir na minha laranjeira também.

Seriam poucos dias para desencaixotar a casa inteira, colocar os utensílios de uso diários nos lugares, para o meu filho seguir com sua vida da forma mais confortável possível.

Foram dias muito corridos para deixar tudo funcionando pra ele. As minhas malas e objetos pessoais eu deixei para quando voltasse desse trabalho no Brasil.

A BUSCA PELA SAÚDE DE VERDADE

Por que de verdade?
Porque tomar remédios não é tratar a saúde, é tratar a doença.
É amenizar sintomas. Em muitos casos, encobri-los, mascará-los. Sabe tipo tapar o sol com a peneira?

Como nenhum dos médicos pelos quais eu passei soube me dizer o que exatamente tinha causado a minha inflamação, nem como exatamente eu poderia evitar de acontecer novamente, toda a minha atenção e curiosidade se voltaram para descobrir isso.
Eles sabiam nomear, sabiam localizar no corpo, como remover, mas não como evitar.
Não fazia sentido.
Talvez não soubessem mesmo, talvez só tivessem estudado como tratar as doenças, como consertar o que estava estragado, e não a saúde e como mantê-la. Talvez tivessem muito comprometidos com as indústrias e suas próprias necessidades financeiras para dizer.

Pra mim, um bom médico é aquele que, além de capacitado a nos dizer o que desencadeou os sintomas que temos, sabe e nos explica o que temos que fazer para evitarmos ter aquilo de novo. Para que a cura, de fato, aconteça.
O médico que diz que temos que tomar um determinado remédio para o resto da vida está comprometido; ou não estudou o suficiente e não tem o conhecimento necessário, aplica conceitos antigos na sua prática, acredita só no que aprendeu na época da faculdade que fez 30 ou 40 anos atrás, ou nas pesquisas patrocinadas pelas indústrias farmacêuticas e

alimentícias; ou nos quer mesmo como cliente e não tem como objetivo nos curar tão rápido.

Seja qual for o caso, é sempre bom ouvir mais de três ou até mais opiniões quando o diagnóstico incluir "tomar remédios para o resto da vida".

Ter saúde de verdade é não precisar tomar remédio algum. Estou falando aqui de doenças crônicas e não de ossos quebrados, que fique claro.

Lógico que há situações em que a pessoa vai precisar tomar remédios para sanar uma infecção, para administrar a dor de um pós-operatório ou de algum osso quebrado. Mas, por um tempo, até a infecção e a dor aguda passarem, não para o resto da sua vida.

Enquanto gravava a série, comecei a estudar sobre prevenção. Agora meu foco estava nas causas, eu queria aprender com quem está interessado no bem da humanidade, com quem estuda e promove a saúde mental, emocional e espiritual, além da física, e não mais com os que escolheram a medicina só pela lucrativa profissão que de fato é.

Descobri que esses médicos existiam sim, era só procurar melhor.

Medicina preventiva. Nutrição funcional. Medicina milenar chinesa, Medicina Milenar Ayurveda, que veio antes da Chinesa. Medicina Holística. As opções foram aparecendo... Medicina Integrativa! Profissionais que trabalham uma medicina que integra conhecimentos em prol da saúde.

Quando a gente foca, a energia se alinha...

Eu já tinha feito um curso básico sobre Ayurveda poucos meses antes, no Chopra Center, na Califórnia. E conversando com uma amiga que tem Esclerose Múltipla, ela comentou sobre uma palestra que teria no dia seguinte, de uma menina que vinha administrando sua Esclerose Múltipla com alimentação, baseada na medicina Ayurveda.

Fui lá. Assisti à palestra. Nem parecia que ela tinha Esclerose Múltipla, pois seus movimentos, sua destreza, equilíbrio, e coordenação eram completos, diria normais.

Gostei do que vi e ouvi e resolvi pesquisar mais sobre ela e o assunto.

Laura Pires já tinha escrito dois livros até aquele momento, contando sua história e dando dicas sobre alimentação preventiva e curativa.

O primeiro livro era sobre quando ela descobriu que tinha Esclerose Múltipla, seus tratamentos sem sucesso até encontrar a Ayurveda e ir para a Índia experimentar o tratamento.

O segundo eu já tinha lido e nem lembrava. Um livro que estava na minha estante no meio de inúmeros outros sobre alimentação saudável. O relato dela me inspirou a querer saber mais sobre a medicina Ayurveda, a que hoje considero ser a verdadeira medicina preventiva, por apontar as causas, por considerar não só o físico, mas também o lado emocional e os hábitos diários do paciente, na hora de fazer um diagnóstico.

Pois estão interligados, um é consequência do outro.

Não basta focar na dor localizada, isolada, pois temos um potencial absurdo de somatizar no nosso corpo nossas emoções mal resolvidas, nossos sentimentos reprimidos, e isso precisa ser levado em conta, pois também são causas de inflamações.

Só levando em consideração o que a gente come durante o dia todo, a que horas vamos dormir, quantas horas dormimos por noite, se o sono é profundo, tranquilo, se acordamos cansados mesmo depois de uma noite inteira deitados, se estamos

estressados no trabalho ou em casa, se estamos passando por perdas, conflitos, é que será possível fazer um diagnóstico mais preciso.
Recomendo muito, principalmente para quem também tem Esclerose Múltipla ou qualquer outra doença autoimune.

Assistindo outras palestras da Laura cheguei ao Matheus Macedo, médico cirurgião Ayurveda, também brasileiro, mas formado na Índia.
Matheus tinha recém-criado o **Vida Veda,** plataforma voltada a dividir seus conhecimentos sobre a medicina Ayurveda. Fazia *lives* diárias às 8h da manhã e eu não perdia uma. Depois ele foi criando cursos e congressos e fui fazendo e assistindo todos que disponibilizavam online.
Me transformei em uma das suas "formiguinhas de fogo", nome carinhoso batizado por ele para as pessoas que, como eu, têm sede de saber mais, gostam de estudar e de saber a verdade sobre as causas dos sintomas que temos.
Em um desses cursos, que era a **Formação nos 4 Pilares da Saúde**, fui apresentada à medicina Ayurveda de forma bem mais completa do que o curso anterior que tinha feito e tive a confirmação de que a medicina preventiva existe e é o melhor caminho para a saúde de verdade.

Recomendo muito seguirem o VIDA VEDA e os cursos que ele dispõe e entrarem para a comunidade NILAYA onde, além dos cursos e dicas, há também estudos de casos clínicos e até aulas em sânscrito para quem tiver interesse em se aprofundar ainda mais.
De todas as minhas referências, é uma das que oferece conteúdo totalmente em Português e que acredito valer muito a pena conferir. Tanto para quem quer melhorar sua própria saúde, como para os profissionais que já trabalham nessa área.

Incorporei sua visão de saúde no meu dia-a-dia e vi os resultados positivos. Recomendo os cursos da Laura Pires também.

Se você quer simplificar bem a vida, mas ainda não está no ponto de querer estudar sobre Ayurveda ou medicina preventiva, **basta focar nesses** 4 pilares:
A **alimentação**, o **sono**, o **movimento** e o **silêncio**.

Dou aqui abaixo uma super-resumida pra te inspirar a testar na sua vida também.

A alimentação, o sono, o movimento e o silêncio **são a base da nossa saúde**, e se tivermos nossa base equilibrada, o resto todo fica mais fácil de administrar.

A alimentação saudável se resume a comermos comida de verdade, que seriam alimentos frescos. Preferencialmente de origem próxima de onde vivemos e sem terem sido manipulados por maquinários - industrializados ou congelados.
E só comermos quando tivermos fome.
Desmistificando a necessidade de comer de três em três horas ou mais vezes ainda, como muitos pregam por aí. Quando comemos por gula ou ansiedade, por exemplo, nossa capacidade de digerir não é a mesma de quando estamos com fome de verdade. E o que não é digerido, nesse caso, não é usado e vai se depositar em lugares do nosso corpo e ficar fermentando até dar origem a uma inflamação qualquer.

O sono reparador de verdade deve ser no escuro total da noite, e não do dia com cortinas fechadas, e de no mínimo 7 horas seguidas.

Li o livro do autor Matthew Walker que explica com paixão e muitos detalhes sobre a importância de uma noite bem dormida e o porquê o sono precisa ser à noite, no escuro total, sem estímulos de qualquer natureza e, principalmente, sem a luz dos eletrônicos.

O movimento é sobre a necessidade biofisiológica que nosso corpo tem de exercícios físicos. Precisamos nos mexer para nos mantermos saudáveis. De qualquer forma.
Vele andar, correr, dançar, nadar, ou fazer qualquer modalidade de esporte que nos faça sair da inércia.
Basta que nos faça suar e nos dê prazer.
Se nos fizer suar, mas não nos der prazer não vale, como também não vale se nos der prazer, mas não nos fizer suar. E no mínimo uma hora por dia. E sim, todos os dias. Não nascemos para ficar parados.

O Silêncio é sobre a necessidade de nos escutarmos diariamente.
Quando aprendemos a aquietar a mente e prestar atenção a como estamos nos sentindo, tanto física como emocionalmente, vamos saber quando algo está desequilibrado ou se desequilibrando em nosso organismo a tempo de reverter sem maiores prejuízos.
Por isso é tão importante.
Não é perguntar a quem está de fora.
É fechar os olhos, respirar fundo e prestar atenção, de verdade, ao que estamos pensando, como nos sentimos em relação a esses pensamentos, e como nosso organismo está reagindo.

Uma das formas mais comuns de se praticar o silêncio é através da meditação. O ideal é fazer logo que acordamos quando ainda estamos com a mente fresca, para que nossos pensamentos viciados não tenham tempo de interferir e nosso dia comece bem. E depois que já estivermos mais acostumados, fazer também antes de dormir.

Ensinam que podemos começar com 10 a 15 minutos por dia e ir aumentando até conseguirmos os resultados desejados.

Alimentação saudável e exercícios físicos já eram parte da minha rotina e foi mais fácil de incorporar e manter...

Regular o sono e a meditação foi a parte mais difícil, e a qual até hoje preciso de muita disciplina para não descuidar.

Comecei com as meditações guiadas por aplicativos, depois várias outras que foram aparecendo pelo caminho, mas simplesmente não conseguia me conectar, não conseguia sentar e domar meus pensamentos. Demorou alguns anos até eu entender que não se tratava de parar de pensar e sim de focar no que se gostaria que fosse nossa realidade, até sentirmos de fato o que estamos visualizando.

A chavinha que virou foi esse livro que um dia me caiu nas mãos. "Como se tornar Sobrenatural" - Dr. Joe Dispenza. No livro, **com base na Neurociência, Física Quântica, Biologia Molecular e Neurocardiologia, Dr. Joe nos mostra como nosso cérebro funciona, como se comporta quando quebramos padrões comportamentais e, ao incorporarmos a meditação, somos capazes de mudar até nosso código genético.** Conta sobre curas de várias doenças entre seus alunos a partir da criação da coerência cardíaca e magnética. Comecei a ler e não conseguia parar. E em três dias sentei para "testar".

Sabe aquela criatura que tem que "ver pra crer"? Pois sou eu. Nasci cética por alguma razão. Talvez para ir testando tudo antes de sair falando sem o conhecimento de causa. É impressionante como sempre tive a necessidade de explicações lógicas antes de me permitir simplesmente acreditar. Comecei fazendo uma meditação guiada pelo próprio Dr. Joe, de 30 minutos, pela manhã.

Depois de ver os efeitos nos primeiros dias comecei a fazer também antes de dormir. Me surpreendi muito vendo que, de fato, a coisa funcionava.

Finalmente consegui entender o que é, de fato, a meditação e seu poder. Ela me ensinou a focar no que realmente precisa ser feito no dia, a deixar de lado o que não vai me trazer benefício algum, a escolher em que estado de espírito eu quero viver e o que eu preciso mudar para seguir melhor do que no dia anterior.

A meditação também me ensinou a prestar atenção no meu corpo, se dói algum lugar específico, se preciso de alongamento aqui ou ali, se preciso me movimentar mais ou menos.

Hoje em dia consigo meditar até quando estou cozinhando, quando estou fazendo hiking, yoga, caminhando pela rua, andando de bicicleta, enquanto cuido da minha horta, ou até quando estou limpando ou arrumando a minha casa.

Com a prática, ao invés de se tornar automático, a gente vai aprofundando, desvendando, se conhecendo melhor.

Quanto mais a gente faz, mais respostas temos.

Três dos pilares do dr. Matheus estavam alinhados, agora só faltava o sono...

Ayurveda = Vida + Conhecimento.
O conhecimento da Vida.

Para os que adoram um segredo, diria que o segredo da vida é aprender a se observar.
Quando a gente aprende a se observar de verdade, nossos problemas emocionais e de saúde acabam. Observe se você tem conseguido um Sono adequado, se tem priorizado uma Alimentação saudável. Se tem feito uma Atividade Física diariamente. Se consegue sentar e simplesmente ficar uns minutinhos em Silêncio observando como se sente e direcionar seus pensamentos para algo unicamente positivo.

Quando esse trabalho da TV terminou e, finalmente, voltei pra casa, eu era outra pessoa. Parece clichê dizer que tinha nascido de novo, mas a sensação foi exatamente essa.

Minha relação com as plantas, animais, e seres humanos estava diferente. Não foi algo que eu tivesse mentalmente decidido fazer, mas uma mudança que aconteceu a partir de um sentimento que eu ainda não sabia muito bem de onde vinha. O fato era que não tinha mais lugar para o drama na minha vida. Nem os meus próprios nem os dos outros.

Entendi que a pobreza de espírito de certas criaturas é parte do desenvolvimento delas, que vão enxergar e tratar, ou não, nos seus próprios tempos, mas eu não precisava mais ser a que iria alertá-las ou ajudá-las a entender isso. A menos que me pedissem opinião direta e claramente ou eu fosse contratada para fazer isso.
Entendi que cada um de nós tem o seu caminho para aprender e evoluir, que será de acordo com nossos tempos, nossas capacidades e, mais do que tudo, de acordo com a nossa vontade.
Essa mudança ficou mais evidente pra mim quando senti uma conexão com os bichos em geral, que antes eu só tinha

com cavalos e golfinhos. Desde criança tenho paixão por cavalos, pra mim sempre foi o animal mais lindo da Terra e eu adorava sair a galope sempre que tinha a oportunidade. Continuava amando os cavalos, mas a partir daquele momento, na primeira vez que me vi prestes a montar em um, para um passeio que normalmente me causaria muito prazer, veio um forte sentimento de que não devia fazer aquilo, que não era justo com o bicho. E olhando firmemente nos olhos do cavalo, comecei a pedir desculpas. Meu passeio foi mais breve do que normalmente seria, e nas vezes seguintes os tempos dos passeios ficaram cada vez mais curtos, eu já não galopava mais.

Na última vez eu não quis mais montar, fiquei lá fazendo carinho no cavalo, alimentei, dei água e me desculpei com eles pelo egoísmo da humanidade por mantê-los presos ali naquelas cocheiras.

Nunca imaginei que seria possível eu não querer montar cavalos estando diante de um. Mas aconteceu. Eu não queria submeter o bicho a me carregar só pelo **meu** prazer.

Estava na fazenda de amigos "montadores" que me diziam que o cavalo "gostava de ser montado", que "foram criados pra isso". Não lembrei de nenhum cavalo que tenha se deixado montar sem antes ter sido "domado" à força por seus donos.

Achei melhor não retrucar.

Consciência não se ensina, é um trabalho de dentro pra fora...

Comecei a observar que meu receio de tocar em cachorros maiores do que dois palmos de comprimento também tinha milagrosamente desaparecido.

Um dia alimentei um coiote que estava com uma das patinhas machucadas, para horror dos meus vizinhos, que olhavam para aquele cachorro selvagem como se fosse um monstro capaz de devorá-los inteiros em segundos.

Detalhe: Um coiote que vive em uma montanha cercado de casas por absolutamente todos os lados.

Não é que fosse uma casa de campo. Ou uma casa na mata Atlântica. Era bem no coração de Studio City (conhecido como Triângulo Prata), a meia quadra da Ventura Boulevard.
O bicho olhou pra mim com olhos de gratidão, não foi minha imaginação. Ele estava com fome. E viu um humano que não teve medo dele e o alimentou.
Pensei que se comesse iria embora logo, deixando a salvo os cachorrinhos de pequeno porte, gatos e galinhas do bairro. Exatamente como aconteceu. E ele também estaria a salvo de algum outro humano mais apavorado lhe machucar ou matar pela dificuldade de dividir os espaços e sentir empatia...

Daquele momento em diante qualquer animal que me passasse pela frente era agora a criatura mais linda do universo. Que merecia seu lugar no mundo, pois foram criados pela mesma energia divina que tinha me criado. Entendi que precisamos aprender a conviver uns com os outros de maneira pacífica e respeitosa.

Ficou mais rápido interpretar as intenções das criaturas humanas também. Tanto as boas e as más, como também a ausência de qualquer intenção. É mais fácil identificar e entender a pobreza de espírito dos que constroem suas vidas na sombra de outros.
Dos que machucam porque foram machucados e não são capazes de quebrar o ciclo e fazer diferente.
Eu ainda teria muito o que aprender, mas entendi que eu devia focar no meu autoconhecimento, para continuar fazendo as mudanças e renúncias que ainda seriam necessárias.
Notei que a vontade de comer para tapar buraco emocional não existia mais. Eu só tinha vontade de comer o que eu sabia que

iria me nutrir. Não havia mais o sofrimento por não comer doces, sorvetes e tortas cheias de leite condensado.

O que eu sabia ser inflamatório estava fora da minha vida. Como um relacionamento tóxico deve ser extinguido das nossas vidas, comidas tóxicas devem também.

HOW

NOT

TO

DIE

Discover the Foods Scientifically Proven to
Prevent and Reverse Disease

MICHAEL GREGER, M.D., FACLM
FOUNDER OF NUTRITIONFACTS.ORG
with **GENE STONE**

FEATURING DR. GREGER'S DAILY DOZEN:
WHAT TO EAT TO ADD YEARS TO YOUR LIFE

The Groundbreaking Science of Healthy,
Permanent Weight Loss

HOW

NOT

TO

DIET

MICHAEL GREGER, M.D., FACLM
NEW YORK TIMES BESTSELLING AUTHOR OF *HOW NOT TO DIE*
AND FOUNDER OF NUTRITIONFACTS.ORG

FEATURING DR. GREGER'S TWENTY-ONE TWEAKS
TO ACCELERATE WEIGHT LOSS

Michael Greger
Gene Stone

COMER

PARA NÃO

MORRER

Conheça o poder dos alimentos capazes
de prevenir e até reverter doenças

COMO NÃO MORRER?

Após devorar as 545 páginas do livro **"How Not to Die"** **(Como Não Morrer), do Dr. Michael Greger***, mais uma luzinha acendeu, trazendo a confirmação de que **a maioria das doenças são evitáveis sim, e estão relacionadas com o que a gente come e sente.**

Sim, a nossa dieta é a causa número 1 das mortes prematuras. Não estou falando aqui de bebês prematuros, e sim de pessoas de qualquer idade que morrem de doenças que lhes encurtou a vida quando isso poderia ter sido evitado.

Esse médico foi mais um que me provou, baseado em evidências científicas, confirmadas por vários outros médicos, o quanto a gordura animal é a causa de doenças como a Demência, Esclerose Múltipla, Diabetes, doenças Cardiovasculares, Câncer de intestinos, entre outras, e que ao eliminar a gordura animal da minha dieta eu estaria eliminando alimentos que eram pró-inflamatórios.

Estaria ajudando meu organismo a desinflamar, se manter desinflamado e evitando que viesse a inflamar novamente. Provou ainda o quanto uma alimentação à base de plantas era benéfica, nutritiva e preventiva.

Esse livro, "Como não Morrer", deveria ser leitura obrigatória nas escolas do mundo todo. E nos cursos de gestantes também. Dr. Michael Greger escreveu também três outros ótimos livros sobre como sobreviver a pandemias, sobre como nunca mais precisar fazer dietas, e sobre como prevenir o envelhecimento precoce, que também super-recomendo.

Um caminho novo se abriu naturalmente e me tornei uma ávida pesquisadora sobre medicinas preventivas.

Pensei que morreria só atuando, fosse em cima de um palco ou na frente de uma câmera, o que talvez até aconteça, mas com certeza também será **alertando as pessoas que estiverem interessada**s sobre a prevenção e a manutenção da saúde. Ajudando-as a mudar seus hábitos para que seu tempo possa ser usado na conquista de seus sonhos e objetivos de vida, ao invés de o perderem correndo atrás dos prejuízos causados por doenças que poderiam ser evitadas, por falta de informação e amor-próprio.

*No Brasil mudaram o título para "Comer para não morrer".
Na edição Brasileira não tem as 132 páginas só de referências dos estudos científicos de onde ele tirou as evidências apresentadas em seu próprio livro. Encontrei também sentidos diferentes do original na tradução. Mudar o sentido do que foi dito não é bom em situação nenhuma, e quando se trata de saúde é ainda mais delicado.
Por isso eu queria tanto ser fluente em Inglês, para ler no original as publicações e ter contato com o que os autores quiseram dizer, na sua íntegra. Recomendo que leiam os originais, sempre que for possível.

Direcionei meus estudos e, além de abraçar o veganismo, abracei também uma carreira nova.
Quando me formei em *Health Coach*, pensei que o meu grande desafio seria consultar em inglês. Tinha receio de ser traída pelo vocabulário e minhas primeiras pacientes foram brasileiras. Até que o boca-a-boca foi acontecendo e as amigas das amigas, americanas, foram chegando até a mim e quando vi, lá estava eu aplicando meus conhecimentos em inglês também.

Quando presenciei as primeiras mudanças alcançadas, quando conseguíamos atingir os resultados estabelecidos na primeira consulta, eu sentia uma alegria que até então eu só conhecia quando saía satisfeita da gravação de uma cena bem-feita.

Sempre pensei que quando minhas personagens inspiravam alguém a ponto dessa pessoa mudar um pouquinho que fosse, pra melhor, as suas vidas, eu estava fazendo o meu trabalho, que essa era a minha vocação. O que vim ao mundo pra fazer.

Mas quantas cenas inspiradoras eu tinha por trabalho?

Às vezes meia dúzia, ao longo de um ano, às vezes, nem isso.

Levando em consideração a interpretação pessoal de quem está assistindo, uma vez que cada um entende as mensagens de acordo com seu "alcance", nem sempre é possível se beneficiar com o que é mostrado em imagens artísticas.

Pôr em prática conhecimentos que curam, que restauram problemas reais que outra pessoa tem, e presenciar a mudança, me trouxe uma satisfação diferente.

Foi um outro chamado.

O trabalho do *Health Coach* é uma mistura de Nutricionista com Psicóloga.

Apontar caminhos sem julgar os tempos do outro, identificar a raiz do problema, mostrar o porquê certos alimentos não beneficiam nossa saúde, mesmo indo contra décadas de propaganda afirmando o contrário, salientando a importância de alinhar os hábitos com os resultados desejados é quase uma guerra.

E cada dia é como vencer uma pequena batalha.

Bastaram três anos de prática pra eu chegar à conclusão de que mudar hábitos é muito mais difícil do que atuar.

Muitos acreditam ser incapazes de mudar sozinhos hábitos alimentados durante a vida inteira, e meu trabalho é segurar suas mãos e, ao longo de três meses, mostrar que sim, são capazes. Que conseguem. Que só precisam acreditar que merecem.

Cada passo dado, com a minha ajuda, é uma conquista pra mim também. Mais uma superação de medos. Mais um degrauzinho na escada da vida. Da vida real.
Mais um ultrapassar os limites impostos por nós mesmos.
É assim para quem aprende e para quem ensina. E eu ensino e aprendo todos os dias.
Alguns conseguem nos três primeiros meses, outros em 6, algumas precisaram de um ano inteiro. Tiveram as que desistiram depois de conseguirem os primeiros resultados. As que não desistem, mesmo levando mais tempo do que gostariam a princípio.
Alguns precisam do acompanhamento mais prolongado, porque pensam que não vão conseguir sem ajuda, até que um dia se surpreendem conseguindo e seguem felizes, domando suas vontades mais rebeldes e fazendo melhores escolhas.
As respostas que buscamos e a nossa capacidade de cura estão e sempre estiveram dentro de cada um de nós, só precisamos **querer** acessar, e em muitos casos, de uma ajudinha para saber **como** acessar.

Minha carreira de atriz continuaria, mas não seria mais a única a que eu me dedicaria.
Eu nunca consegui mesmo focar em uma única coisa na minha vida...
Como morar pra sempre na mesma casa, ou na mesma cidade, falar ou ler uma única língua, ter só uma cor preferida, ler só

um autor, gostar de um único gênero de filmes, ou de música,
usar o mesmo comprimento ou cor de
cabelos a vida toda.

Experimentar receitas, sabores, lugares, ideias diferentes,
aprender com pessoas novas sempre me fez muito bem. Diria,
sem dúvidas, que é bom pra todos nós.
Mudanças me ensinaram o desapego, paciência, e a perdoar.
Não ter medo delas me surpreendeu. Tente. Pode surpreender
você também.

E como quase tudo gira em torno de comida...
E como a maioria dos problemas físicos que temos é em função
das escolhas alimentares, vou agora dividir com vocês a parte
mais útil deste meu relato.
A parte que vocês podem voltar para consultar quando algum
probleminha aparecer. Antes e depois da visita ao médico.
Só pra dar uma conferida.

INFLAMAÇÃO E SEUS NOMES

Câncer,
Tumor,
Esclerose Múltipla,
Diabetes   =   Inflamação.
Doenças do coração,
Alzheimer,
Demência,
TDAH

Em sua quase absoluta maioria, são doenças causadas por
hábitos alimentares equivocados.
Por anos a fio de falta de nutrição adequada.
Física e emocional.

A maioria das inflamações em nosso organismo são causadas
pelos maus hábitos que cultivamos, resultado dos costumes e
tradições da nossa cultura local.

Quando nosso corpo inflama, é sério.
É hora de dar uma parada e prestar realmente atenção. Porque
se não pararmos para prestar atenção e nos cuidarmos para
reverter a inflamação o mais rápido possível, podem ter certeza
de que vai aparecer alguma doença grave logo ali adiante.
Eu passei por isso. Senti na pele. E poderia ter evitado, não
fosse minha gula por doces, a falta de informação e de alguém
que me pegasse pela mão e guiasse.

A boa notícia é que **as inflamações são reversíveis e
curáveis. É só a pessoa ser informada com precisão**

sobre o que a está causando e, é claro, mudar suas escolhas para evitar continuar causando.
Se mesmo depois de ser alertada sobre as causas a pessoa não quiser deixar de comer ou usar o que a está fazendo mal, aí já passa a ser uma escolha pessoal. Mas que seja pelo menos consciente.

Conheço muita gente que prefere continuar se intoxicando diariamente, consumindo produtos alimentícios e cosméticos dos quais "não podem viver sem", e tomar remédios "para o resto da vida", para compensar os estragos.

São os mesmos que não se importam em passar por várias cirurgias, entrar e sair do hospital, e que provavelmente vão morrer em um. Não quero morrer em um hospital. Passar uma semana dentro de um hospital foi a pior experiência da minha vida.
Se você for um pouquinho só como eu, prefere prevenir do que remediar e gostaria de ter pelo menos o controle da sua saúde nas suas mãos - já que não é tudo que podemos controlar nessa vida - e prefere usar seu tempo para trabalhar na realização dos seus sonhos pessoais e profissionais, ao invés de perder tempo e dinheiro correndo atrás dos prejuízos causados por uma saúde comprometida, então as próximas páginas podem te ajudar.

São muitas mudanças a fazer **quando a gente realmente quer** ter um corpo livre de remédios, de altos e baixos em relação ao nosso peso ou dores de qualquer natureza que limitem o nosso bem-estar.
A menos que você tenha chegado naquele ponto da vida em que a gente aprende no susto que nada é mais importante do que ter um corpo e mente saudáveis, e se disponha a mudar

tudo de uma vez, mude aos poucos e vá descobrindo o que funciona melhor pra você especificamente.

**O importante é querer mudar. É decidir mudar.
E ir ajustando**.
No meu caso foi devagar até chegar à inflamação no intestino, como contei aqui, mas depois desse ponto, consegui enfim tirar queijos, ovos e peixes da minha dieta, sem sofrimento.
Quando temos o entendimento do que nos faz bem e do que nos faz mal, o sofrimento termina. Não vamos escolher o que sabemos que nos faz mal. A menos que sejamos masoquistas.
No meu caso, sei que não sou.

Queijos, ovos e peixes eram as mudanças que faltavam para abraçar a alimentação anti-inflamatória de vez.
As inflamações têm nomes diferentes de acordo com as diferentes áreas do nosso corpo em que aparecem e do tamanho que têm quando são descobertas.
Umas serão chamadas de Tumores, outras de Câncer.
Se aparecer na cabeça, pode ser uma Esclerose Múltipla, um Alzheimer, Demência, AVC, TDAH ou Depressão. Se aparecer na mama vai ser chamada de câncer de mama, se aparecer no pulmão vai ser um câncer de pulmão, se aparecer nos intestinos vai ser câncer de intestino, se aparecer nos joelhos ou articulações poderão ser chamadas de Artrites, Artroses, Tendinites, e assim por diante.
Os nomes mudam, os sintomas também, mas todas **são resultados de uma crônica e silenciosa inflamação.**
Isso tinha que ser a primeira coisa que os médicos deveriam explicar para seus pacientes. No meu entendimento esse é o trabalho de um bom médico. O de saber explicar as causas, alertar e ensinar seus pacientes, que sabendo as causas podem optar por prevenir.

Adoraria ter aprendido nutrição na escola. É a matéria mais importante de todas, pois de uma boa nutrição depende nossa qualidade de vida.

Fui ensinada, antes tarde do que nunca, que é possível termos mais controle sobre a nossa saúde do que fomos condicionados a acreditar.

A HORA DA MUDANÇA

Quando estiver pronto ou pronta pra mudar, a primeira coisa a se perguntar é **o que** exatamente a gente quer mudar. A segunda, é **por quê**?
Ter o objetivo claro já é meio caminho para a mudança acontecer.
Se o objetivo for perder peso, por exemplo, quando estiverem prontos a começarem as mudanças, recomendo que **esqueçam o que gostam ou o que estão acostumados a comer e lembrem qual é o seu objetivo.**

É só perder peso pra entrar na calça apertada ou no biquíni?
É perder peso porque está com Diabetes ou algum problema cardíaco?
É perder peso pela saúde ou pela estética?
É para se manter saudável?
É reverter algum problema e recuperar sua saúde?
É para aumentar a sua imunidade?
É porque vai se submeter a uma cirurgia?

Seja lá qual for o motivo, foca no objetivo. E faz o que precisar fazer para atingir. Quando a tentação de desistir chegar, lembra o porquê é importante pra você atingir tal mudança. Como você vai se sentir quando conseguir. E o quanto a sua vida vai ser transformada quando você conseguir.

Lembra ainda que seu cérebro vai espernear reagindo contra qualquer mudança só pelos primeiros 3 meses.
Depois desse tempo, nosso cérebro entende que a mudança é benéfica e aceita.

Vai ser melhor não ouvir opiniões de pessoas que não estão no mesmo momento de vida, ou que não tenham os mesmos objetivos que você.

Quem quer seu bem-estar de verdade não vai fazer piadinhas a respeito ou menosprezar seus esforços para melhorar sua qualidade de vida.

E é fácil desanimarmos quando alguém, cuja opinião é importante pra nós, faz alguma piada sobre nossas intenções de mudar.

MITOS QUE NÃO PRECISAM MAIS SE PERPETUAR

Quando falamos de perder peso, de fazer ou mudar uma dieta, um número grande de profissionais vem com a tabela pré-estabelecida de quantas refeições "precisamos" fazer por dia. Nos dizem que temos que comer de três em três horas. Que precisamos fazer 6 refeições por dia. Que o café da manhã é a refeição mais importante do dia e, por isso, precisamos comer muito no café da manhã porque passamos a noite inteira sem comer...

Se quisermos ter saúde de verdade esse é um dos grandes mitos sobre hábitos alimentares que não precisamos mais perpetuar.

A melhor regra a seguir é a medida da nossa fome.

Se não estamos com muita fome, não devemos forçar, não importa a hora do dia.

Precisamos aprender a ouvir nosso corpo e a respeitar.

Só comer de acordo com nossa fome e não de acordo com o horário imposto por costumes ultrapassados.

Sem fome, quando bater a gula, beba água, tome um chá. Para os que torcem o nariz para água pura, colocar umas folhinhas de hortelã dentro da jarra de água, pedaços de morango, ou espremer o suco de um limão, ajuda bastante. Vai dar um gostinho bem bom e nos fazer tomar o litro todo mais rápido.

O importante é **só comer quando tivermos fome.** E quando tivermos fome, **comer comida de verdade.**

O QUE SERIA COMIDA DE VERDADE?

Tudo o que foi criado pela natureza e não foi industrializado pelo homem. Para simplificar, tudo o que não vem em caixas, latas, garrafas plásticas ou de papelão.
Tudo o que não é processado, ultraprocessado, ou que tenha uma lista de ingredientes com nomes difíceis de pronunciar e siglas que escondem os químicos que, na verdade, estão ali dentro para evitar que a coisa apodreça na embalagem.

O ideal para garantirmos nossa saúde é comermos legumes, verduras, frutas, frutos, grãos, e algumas sementes e ervas.
São muitas as variedades disponíveis. E infinitas as possibilidades de combinações de doces, salgados e bebidas que se pode obter a partir disso tudo.

DÊ PREFERÊNCIA A PRODUTOS LOCAIS

Outra escolha inteligente é dar preferência aos alimentos
produzidos perto de onde moramos.
Alimentos que são produzidos perto de onde moramos são
mais saudáveis, não só para o nosso corpo, como para a
economia local também.

Por que é melhor só comer produtos locais?

Comprando dos pequenos fazendeiros ou de pequenos
produtores, estamos apoiando a economia do nosso bairro, da
nossa cidade ou, no máximo, da cidade vizinha. O que significa
que o dinheiro que estamos gastando vai direto para as mãos
dessas famílias, que são as que trabalham diretamente nas
hortas, plantando e colhendo com mais cuidado e garantindo
que a gente consuma alimentos mais
frescos.
Esses produtos não viajaram muito até chegar na nossa mesa,
não foram congelados ainda, e como não são produzidos em
larga escala, é menor a probabilidade de terem agrotóxicos.

Alimentos que não passaram por congelamento são mais saudáveis.

Se estivermos, de fato, com fome, e não for gula por ansiedade
ou estresse, e nos servirem um prato de arroz com lentilha,
feitos na hora, e uma saladinha de espinafre com rúcula,
brócolis, beterraba, cenoura e nozes picadinhas, com um molho
pesto também fresco, jogado em cima, a gente vai comer!
E vai achar uma delícia.

Mesmo os que ainda torcem o nariz para legumes ou verduras, se estiverem com fome de verdade vão comer.
Se fizer careta, é porque não é fome de verdade... é gula, ou ansiedade, ou as bactérias erradas que vivem em nosso intestino decidindo por nós.

Sabe aquela vontadezinha de comer algo que a gente não sabe bem o que é? E fica pensando qual doce vai atacar? Pois saiba que são as bactérias que vivem em nosso intestino - elas se alimentam de açúcar e proliferam cada vez que comemos um doce - que estão escolhendo por nós.
Bastam 2 semanas sem comer açúcar para elas morrerem e passarmos a alimentar as bactérias boas, as que gostam de brócolis, por exemplo.
Bastam 2 semanas para essas bactérias boas começarem a pedir mais brócolis e subitamente você começar a ter uma vontade incomum de comer mais verduras.
Sim, são as bactérias em nosso organismo que estão no comando e se você não é um nutricionista ou médico, pode ser que ainda não tenha ouvido falar disso.

Outro mito inventado pela indústria alimentícia e endossado pelas mídias é que "precisamos ingerir bactérias boas", na forma de iogurtes, kombuchas, leites fermentados, etc...Não precisamos. E esses que nos vendem em minigarrafinhas plásticas não trazem benefício algum a nossa saúde. Pode economizar. Só são bons mesmo para o bolso de quem os vende.

As bactérias que precisamos para garantir o bom funcionamento do nosso corpo já estão presentes nos legumes, verduras e frutas frescas!
E quanto mais você comer disso, mais elas se proliferam.

De 10 a 15 dias é o tempo que leva para as bactérias ruins morrerem dentro de nós quando paramos de alimentá-las com os alimentos errados.

Por que ninguém nos incentiva a parar de comer iogurtes, pudins, gelatinas industrializadas e todos esses outros produtos fermentados que só fazem produzir gases e inflamação em nossos corpos?

Porque eles dão muito lucro! E porque ninguém pode patentear as verduras ou frutas, que estão à nossa disposição e ao alcance de qualquer mão.

Pelo menos até enquanto não modificarem os alimentos a ponto de não terem mais sementes, como já acontece nos EUA com as uvas, melancias, laranjas e limões. Quando eu vejo propagandas de qualquer fruta sem sementes sendo oferecida como uma coisa boa, eu não compro, porque sei que já são geneticamente modificadas. Prefiro a integridade da fruta como nos foi ofertada pela mãe natureza, sem a interferência do bicho homem e sua cobiça desmedida. Então, não precisamos mais cair nessas propagandas enganosas, nem gastar nosso dinheiro à toa. Esses produtos não nos farão bem e ainda são da categoria dos alimentos inflamatórios.

Podem ter certeza de que tudo o que eu estou trazendo aqui é cientificamente comprovado, já testado em milhões de seres humanos; e todos os médicos que não ficaram parados no tempo, mesmo que comprometidos com certas indústrias, já sabem disso há décadas.

Quando tiver algum sintoma que desestabilize o seu bem-estar e o seu médico não conseguir identificar, ou preferir não dizer a causa, dá uma conferida nas listas dos químicos lá atrás pra ver se não está consumindo algum deles.

Faz o teste de tirar da sua vida por algum tempo e observar se o tal sintoma não regride ou desaparece.

Para incorporar na prática do nosso dia a dia esse conhecimento todo, para vivermos livre de doenças, nós, primeiro, precisamos saber dos fatos. Nos educar para os efeitos nocivos à nossa saúde, que certos alimentos que nos venderam a vida toda como saudáveis têm.

De acordo com minhas pesquisas, é sempre bom lembrar que **na medicina não há dogmas, há ciência. Mas existem tantas mentiras sendo propagadas há tanto tempo, que acabam virando dogmas, e derrubar um dogma é muito difícil**.

PREVENIR É MELHOR DO QUE REMEDIAR

Por que é melhor prevenir do que remediar?
Porque é mais inteligente, e menos doloroso a médio e longo prazo.
Porque podemos usar nosso tempo para realizar nossos sonhos pessoais e profissionais ao invés de passar metade da vida correndo atrás dos prejuízos causados por escolhas que botam em risco a nossa saúde e bem-estar.

Testemunhei a morte precoce de pessoas próximas que não acreditaram no poder dos alimentos. E nem no seu próprio.
Convivo com pessoas que tomam de 4 a 10 pílulas por dia, enquanto continuam comendo o que causa os danos que os faz precisar dessas pílulas.

Nossa vida é feita de pequenas escolhas diárias. Escolher é o que fazemos todos os minutos dos nossos dias, da hora que acordamos até a hora em que vamos dormir.
A maioria dessas escolhas é resultado de seguirmos de forma automática hábitos que nos foram passados pela nossa própria família e pela cultura na qual estamos inseridos.

Escolhemos comer ovos com bacon de manhã porque é o que todo mundo come, porque vimos nos comerciais, nos filmes, nas novelas, na casa da nossa avó, na da amiga, porque a indústria alimentícia convencionou que é saudável.

Se você soubesse que isso vai enfraquecer seu coração, vai causar Alzheimer, um problema cardíaco ou um câncer, talvez você escolhesse outra coisa para comer de manhã.
Como algo que seja gostoso, mas te dê mais disposição e ainda contribua para fortalecer sua imunidade, por exemplo.

Qual seria a sua escolha? Alimentar uma doença silenciosa ou a regeneração natural das suas células, sentindo o prazer de comer algo tão gostoso quanto, só que com um sabor diferente dos que você foi habituado?

Nossos hábitos ditam e definem a nossa vida.
Se teremos disposição ou preguiça.
Se conseguiremos tomar decisões mais assertivas ou baseadas em emoções prematuras.
Se seremos saudáveis ou doentes. Gordos ou magros. Ágeis ou letárgicos. Leves ou pesados - emocionalmente falando.
Se seremos alegres ou andaremos pela vida com aquela nuvenzinha preta acima da cabeça, criticando tudo e todos, culpando cada ser com quem interagimos pelas coisas que não acontecem na nossa vida do jeito que gostaríamos.

Tudo depende dos nossos hábitos diários. Das pequenas escolhas minuto a minuto, nas 24 horas que temos a nossa disposição a cada novo dia.
Quanto mais cedo aprendemos a prestar menos atenção nas escolhas dos outros e mais no porquê das nossas próprias, melhor será para a nossa saúde física e emocional.
Uma coisa está diretamente ligada a outra, acreditem.

Até certo ponto da minha vida, ao dar de cara com as consequências das minhas próprias escolhas erradas, com frequência a minha reação era perguntar:
"Por que não aprendi isso na escola?" Ou "Por que permitem propaganda disso na televisão, se sabem o mal que causa na saúde das pessoas?"
Custei a entender que é exatamente por isso que estamos todos aqui. Para aprendermos com cada escolha errada. Para aprendermos uns com os outros, para entendermos o tal do "livre arbítrio".
Que para cada escolha feita, errada ou certa, uma lição vem. E é a lição que precisávamos naquele momento, seja dolorosa ou incompreensível.

Compreender sempre foi uma necessidade pra mim. Mesmo que fosse ruim o desfecho da situação, se eu entendesse o motivo, o que teria causado, conseguia lidar melhor com a situação, me recuperar e seguir adiante mais rápido.

MUDANÇA DE HÁBITOS

Mesmo sabendo o que nos faz mal, decidimos diariamente não mudar, ou não prestar muita atenção, porque o prazer imediato que aquele hábito nos proporciona é ainda maior do que nossa consciência a respeito dele.
Mudar um hábito é uma das coisas mais difíceis dessa vida. Preferimos acreditar nas convenções sociais, nas propagandas da televisão, nas da internet, na opinião dos amigos, dos familiares, e em qualquer conceito ou explicação que se aproxime mais da desculpa que nos permita continuar fazendo o que nos é mais confortável.

Os motivos serão os mais variados possíveis. Os sabores. As lembranças, a cultura local, mas sobretudo o prazer imediato...E prazer é o que nos faz escolher tudo na nossa vida. Se ficar sentado no sofá vendo televisão, comendo pipoca de micro-ondas ou batata frita de saco, for mais prazeroso pra você - do que sair de casa para dar uma caminhada, fazer uma hora de yoga, ou botar uma música e dançar na sua própria sala, e comer uma comidinha fresca, feita em casa, mesmo sabendo que é mais saudável - ficar no sofá e comer essa pipoca e essa batata é exatamente o que você vai escolher fazer.

Porque a gente sempre escolhe o que nos dá mais prazer. Mesmo que esse prazer dure só alguns minutos e nos cause problemas mais adiante. Pelo prazer imediato escolhemos não pensar no depois. Precisamos dessa "recompensa" hoje, agora, já, no amanhã pensamos depois. Ou quando a necessidade de "remediar" se apresentar...

Se eu for invocar a ciência, e seus milhares de estudos comprovados, lhes afirmo que isso acontece porque nosso cérebro demora três meses para "aceitar" mudanças, de qualquer natureza.

Mas sem sabermos disso, na prática do nosso dia-a-dia o que acontece mesmo é um medo danado de mudar. Seja pelo sentimento de parecer "diferente" aos olhos dos outros, seja pelo receio de não sentirmos mais o prazer já tão conhecido.

Temos a necessidade de "fazer parte", queremos ser "aceitos", e comer diferente, dormir e acordar em horários diferentes, fazer exercícios diários quando o parceiro/parceira não faz, pode parecer uma rebeldia ou uma perda de tempo.

Muitas são as críticas, as piadas que às vezes preferimos evitar, até que uma alteração significativa na nossa saúde se apresente, e então aprendemos a ignorar a opinião alheia e escolher o que, de fato, é melhor pra nós.

Escolher é simples, mas nem sempre é fácil. Principalmente quando se tem mais de uma opção. E mais de uma opção aliada à opinião da família, dos amigos e da propaganda massiva também não ajuda muito...

Se você já chegou naquele momento em que quer melhorar sua vida e a sua saúde, independente do que diz o mundo à sua volta, você vai gostar e se beneficiar muito do que estou compartilhando aqui com você.

Se você está lendo este livro, talvez você queira ou esteja precisando mudar. Talvez você tenha diabetes, pressão alta, alergias, asma ou algum outro problema respiratório. Talvez sofra de azia ou dores de estômago, gastrite ou úlcera, gases ou prisão de ventre, talvez esteja muito acima do peso e tenha dores nos joelhos, ou de cabeça, ou espinhas pelo rosto ou corpo.

Talvez seu filho tenha Autismo, ou TDAH. Talvez você já tenha tido um câncer, ou alguém na sua família tenha e você está preocupada se vai ter também ou não, porque os médicos te disseram que é genético. Talvez seja insônia o que te incomoda. Ou depressão, angústia crônica, ou ansiedade, tristeza profunda ou impaciência, talvez você esteja sentindo medo ou qualquer outra situação que te tire o brilho dos olhos no dia-a-dia da vida.

O que quer que esteja nos incomodando a ponto de nos dar mais vontade de ficar uma horinha a mais na cama quando acordamos de manhã, ao invés de sentir o impulso de pular dela e encarar com ânimo mais um novo dia, é resultado dos nossos hábitos de consumo.

Mesmo os hábitos que não temos ou tivemos consciência de estar escolhendo, porque estão entranhados na nossa cultura, como os produtos de higiene pessoal e limpeza da casa que usamos todo santo dia, sem nunca sequer suspeitar que contêm esses químicos que causam as alergias e doenças mais graves.
E os hábitos alimentares, que também desde nossa infância fomos condicionados a acreditar que seriam indispensáveis para a manutenção da nossa saúde.

Todo e qualquer problema, doença, sintoma é o resultado de escolhas diárias que fazemos e podem sim ser revertidos, transformados, e o melhor de tudo, evitados.

Se você leu até aqui, já passou pela lista dos químicos e os danos que causam no nosso corpo.

Nas próximas páginas você vai encontrar uma lista de alimentos pró e anti-inflamatórios, detalhando algumas das doenças e sintomas que causam, para facilitar a consulta e a escolha.

ALIMENTOS PRÓ-INFLAMATÓRIOS

Leite de animais e seus subprodutos como:
Iogurtes.
Manteiga.
Sorvetes.
Queijos.

Açúcar refinado.
Farinha de trigo.
Ovos.
Bebidas alcoólicas.
Carne de frango.
Carne de porco.
Peixes.
Carnes processadas: salsicha, presunto, linguiças.
Refrigerantes.
Sucos de caixa ou em pó.
Margarinas.
Gordura Hidrogenada.
Óleos de Canola, Soja, Girassol, Milho.
Chocolate branco. Chocolates ao leite com menos de 70%de cacau.
Sabor Natural de ...

LEITE E DERIVADOS

O leite é um fluido de crescimento... para bezerros!

Promove o crescimento de tecidos. Significa que depois que a criatura passou da fase de crescimento, não deveria mais tomar fluido de crescimento, porque se continuar tomando, as células vão se desenvolver desordenadamente, o que resulta em cânceres diversos e doenças cardiovasculares.

Laticínios **sobrecarregam o fígado**, impedindo que as toxinas sejam eliminadas do corpo com eficiência, o que **estressa o pâncreas, causando o aumento da resistência à insulina**.

Leite de vaca cria uma resposta alérgica intensificada à poeira e pólen.

Leite não é um produto "longa vida". E só deveria ser consumido até 4 horas depois de tirado da vaca. Depois desse período, só não apodrece pela quantidade de químicos adicionados, os quais você estará consumindo junto.

O leite de vaca é três vezes mais doce do que o materno, por isso é facilmente aceito pelos humanos e tão viciante.
Esse açúcar se chama **Lactose.**
Muitas pessoas se confundem pensando que se beberem leite sem lactose vão evitar alergias, rinites e o muco que o leite produz na gente, o que não acontece.

As alergias são causadas pela **Caseína,** que é a proteína do leite e não por sua quantidade de açúcar, embora a Lactose também cause intolerância em alguns seres.

A caseína não pode ser tirada do leite. Mas dá pra tirar o leite da sua dieta e da do seu bebê que não vai fazer falta nem prejudicar o seu desenvolvimento.

Ao eliminar o leite e seus derivados da dieta, em 2 semanas você se livra da bronquite.

As pessoas não são todas iguais e as reações variam bastante, muitas desenvolvem reações mais cedo, outras mais tarde, quando alguma doença já se instalou no organismo.

Adolescentes e adultos tiveram aumento considerável de casos de câncer nos últimos 20 anos em função do consumo de leite e seus derivados.

A lista de problemas causados pelo consumo de produtos lácteos é grande.

Estudos e milhares de testes clínicos têm mostrado desde há muito tempo que **o consumo de leite e seus subprodutos - queijos, iogurtes, cremes, manteiga e sorvetes - podem causar:**

Autismo e Alzheimer são apontados como consequências do consumo do leite e seus derivados.

Câncer infantil.

Diabetes Mellitus (tipo 1).

Câncer de ovários em crianças e adultos.

Câncer de próstata.

Aumenta o colesterol.

Problemas cardíacos.

Problemas renais.
Problemas neurológicos.
Problemas respiratórios.
Bronquite.
Asma e as rinites.
Provoca gases.
Sangramentos intestinais.
Sobrecarrega o fígado.
Alergia na pele.
Peito encatarrado.
Sensação de cansaço.
Produzem muco.

Se você tiver as seguintes doenças ou sintomas, **tire o leite** de vaca e seus subprodutos da sua vida.

Fibromialgia.
Artrites reumatoide.
Lupus.
Diabetes.
Hipoglicemia.
Pólipos no intestino ou estômago.
Nódulos.
Osteoporose.
Pneumonia bacteriana.
Endometriose.
Ovário Policístico.
Infecção por H. Pilori.
Desconfortos e calores da menopausa.
Problemas de Má circulação.
Cólicas estomacais.
Dores de estômago.

Problemas no fígado.
Vesícula biliar inflamada.
Intestino delgado inflamado.
Queda de cabelo.
Candidíase recorrente
Inflamação nos joelhos.
Olhos lacrimejando.
Secura ocular.
Olhos embaçados.
Dores de Cabeça.
Gases.
Síndrome pré-menstrual.
Ganho de peso.
Urticária.
Diarreia.
Dificuldade para engolir.
Azia.

Hoje sei que não ter dado leite de animais ao meu filho nos seus primeiros anos de vida foi uma das coisas que garantiu sua saúde, sem nunca ter tido uma dor de ouvido ou de garganta, ou sequer uma gripe, até seus 15 anos de idade.
O que era comum em todas as crianças filhos de amigos à minha volta.

DE ONDE TIRAR O CÁLCIO?

De onde a vaca tira mesmo tanto cálcio para seu leite ser tão desejado??? Do capim!!! Vacas que comem capim, é claro. O que é raríssimo na indústria de laticínios.
As que se alimentam de ração, nem cálcio terão para oferecer. E sim um leite carregado de hormônios e antibióticos.
As vacas não digerem bem grãos como a soja e o milho, que são a base da ração da qual são alimentadas, o que causa hiperproliferação da bactéria Escherichia Coli, (E- Coli).

Para "resolver" essa questão são injetadas com antibióticos, que juntamente com os hormônios para apressar seu crescimento vão passar isso diretamente no seu leite...
Mas vamos lá...
Primeiro de tudo: precisamos de cálcio, não de leite.

Informações importantes sobre a absorção de cálcio:

Café reduz a absorção do cálcio.
Cacau em pó reduz a absorção do cálcio.
Cada 40g de proteína animal ingerida é o equivalente a 50mg de perda de cálcio por dia.
Sal em excesso contribui para a eliminação do cálcio pela urina.
Álcool prejudica a absorção do cálcio.
Cigarro prejudica a absorção do cálcio.
A biodisponibilidade de cálcio - que é a porcentagem que é absorvida e utilizada pelo corpo - é maior em alguns alimentos vegetais como os brócolis, a couve-flor, a couve verde e o repolho é de 50% a 60% mais do que a do leite animal.

ALIMENTOS RICOS EM CÁLCIO

Gergelim - um dos mais ricos em cálcio.
Couve verde.
Salsa.
Brócolis.
Kale.
Couve-Flor.
Repolho.
Rúcula.
Agrião.
Amêndoas.
Tofu.
Feijão.
Linhaça. (bata as sementes na hora que for consumir).
Chia. (bata as sementes na hora que for consumir).
Tahini.
Bok Choy.
Castanhas do Pará e de Caju.

FRUTAS RICAS EM CÁLCIO:

Laranjas.
Kiwi.
Figos.
Damasco.
Papayas.
Limão.

Morangos.
Bananas.
Goiabas.
Blackcurrants.
Ameixas.
Toranja.

OSTEOPOROSE

Enquanto se propaga que do consumo do leite animal depende a prevenção da Osteoporose, **está comprovado** por inúmeros estudos já publicados nos USA, Alemanha e Inglaterra **que o consumo de leite animal está associado a um maior risco de fraturas** e mortalidade.

Lembre-se: **nós precisamos de Cálcio e não de leite!**

Não é só do cálcio que precisamos para a formação e mineralização óssea, precisamos estar com os níveis balanceados também de Magnésio, Vitamina D, Cobre e Manganês.

Vitamina D conseguimos pela exposição solar, de preferência entre 11h e 13h. Sim, no horário que muitos dermatologistas dizem ser o pior horário para exposição solar. Mas é o melhor para nosso corpo produzir a Vit D. E só precisamos de 20 minutos a meia horinha.

Magnésio, Cobre e Manganês encontramos em grandes quantidades nas Castanhas do Pará, Castanha de Caju, nas sementes de Linhaça, de Gergelim, gérmen de Trigo, e farelo de Aveia.

Exercícios físicos regulares é fundamental para a prevenção da Osteoporose. Musculação é apontado como o mais efetivo.

ENDOMETRIOSE

Se você tem Endometriose, a primeira coisa a fazer para se curar é tirar os lácteos da sua vida.

Outras causas da endometriose são os químicos.

Mercúrio - que pode ser encontrado em alguns peixes.

Alumínio - panelas, o próprio papel alumínio tanto usado para cobrir alimentos no forno, encontrado também nos desodorantes.

Formaldeído
Phthalates - Dibutil Ftalato.
Triclosan
ETDA
BHT
BHA
Fragrância
Perfume.

Esses todos acima podem ser encontrados em:
Cosméticos coloridos, loções, esmaltes, sabonetes líquidos, xampus, condicionadores, colônias e perfumes.

As carnes vermelhas também são apontadas em inúmeros estudos como causa da endometriose.

OVOS

Ovos alimentam bactérias e vírus em nosso organismo. Principalmente os vírus que contribuem para as inflamações que vão gerar um câncer e as doenças autoimunes. Metade dos médicos do mundo ainda insistem em afirmar que ovos são o alimento mais completo que existe. A outra metade, graças às evidências científicas já afirmam que não.

Se você tem as doenças ou os sintomas abaixo, experimente parar de comer ovos.

Câncer de mama.
Alzheimer. Demência.
Tumores ou câncer no cérebro.
Ovário Policístico.
Miomas.
Nódulos na tireóide.
Tireóide de Hashimoto.
Qualquer tipo de problema de/na Tireoide.
Acne.
Inflamação intestinal.
Desequilíbrios Hormonais.
Cálculos biliares.
Problemas na vesícula biliar.
Endometriose.
Cistite.
Infecção Urinária.
Candidíase.
Depressão.
Hipotireoidismo.
Hipertireoidismo.
Corrimento, coceira e/ou queimação vaginal.

BEBIDAS ALCOÓLICAS

Não oferecem nenhum benefício nutricional.

Atrapalham o sono.
Desidratam.
Aumentam a fome.
Envelhecem a pele.
Causam envelhecimento precoce.
Afetam negativamente todos os tecidos corporais, incluindo
coração e cérebro.
Causam aumento de ácido úrico.
Exaurem o corpo de vitaminas do complexo B, de vitamina
C.
Causam câncer, especialmente os de boca, faringe, laringe,
esôfago, garganta, fígado, cólon e mama.
Afetam as funções mentais, neurológicas e emocionais.
Aumentam os riscos de demência.
Causam lesões no DNA e telômeros.

Telômeros são as estruturas responsáveis pela replicação das
células.

Me desculpem a má notícia mas...
Não existem níveis seguros para o consumo de álcool.

AÇÚCAR E ADOÇANTES

Açúcares refinados estão entre os piores alimentos que podemos botar no nosso organismo.

Acreditar que usar adoçantes artificiais fará algum bem a nossa saúde é ilusão e desinformação.

Os adoçantes são piores que o açúcar natural.
Muito piores.
Em geral causam sérias doenças.
Enfraquecem nosso sistema imunológico.
Não ajudam na perda de peso.
Aumentam a vontade de ingerir carboidratos.

Não mascarar o gosto natural das coisas é um bom jeito de decidir se gostamos daquilo ou não. De saber se nosso corpo "gosta" e vai saber metabolizar.

Se você precisa adoçar um café, no fundo talvez não goste realmente do sabor do café. Fez do tomar café uma bengala, um hábito e agora está viciado em cafeína e açúcar.

Lembrem-se que o açúcar é viciante, que está entre as principais causas de inflamações em nosso organismo, e vão diminuindo aos poucos, até conseguirem sentir o sabor do chá, do café, dos sucos de frutas como de fato são.
Tâmaras funcionam para adoçar os sucos maravilhosamente bem. E basta uma ou duas unidades.
É uma boa opção para quem ainda não consegue tomar sem estar "doce".

SACARINA

Vem do alcatrão do carvão. De onde se extrai uma substância chamada *Tolueno*, **que também é usada para se fazer tinta. Sim, tinta de pintar paredes!** É a mesma matéria-prima. Isso foi descoberto em 1879!

É 400 vezes mais doce do que o açúcar.

Bastaria 1 única gota para adoçar um copo inteiro de suco, ou de café.
Uma única gota adoça tanto quanto 5 ou 6 gotas, que é a quantidade média usada pela maioria das pessoas.

O excesso dessa química causa:

Tonturas.
Visão turva.
***Black out*. O que é extremamente comum como a causa de acidentes de trânsito, quando a pessoa apaga de repente.**
Falta de ar.
Diarreia.
Distúrbios dermatológicos.
Cefaleias.

Foi adotada pela Coca-Cola em 1903.
Passou a ser usada em produtos dietéticos em geral em 1907.
Foi banido dos Estados Unidos em 1912 pelos inúmeros efeitos colaterais que causava. Recomeçaram a vender em 1914.
Sacarina não é um bom substituto para o açúcar.

CICLAMATO DE SÓDIO

Foi descoberto por acaso a partir da investigação de um remédio para febre. O ácido ciclâmico.

Entrou no mercado em 1950, ficou por 19 anos, e foi banido em 1969, pois **causa câncer de bexiga**.

Em função disso é ainda hoje proibido em 50 países, mas usado nos outros todos e no Brasil.

XYLITOL, MANITOL

Causam:
- LESÃO na microbiota intestinal.
- Quem tem síndrome do intestino irritável, ou *Chron's*, mesmo que os exames apareçam "normais", devem ficar longe desses também.

SUCRALOSE

É uma substância sintética, que não existe na natureza, (fusão de uma frutose com uma galactose).

Descoberto a partir do estudo para se fazer **inseticida**.

Tem uma capacidade adoçante 600 vezes maior do que a Sacarose.
De 1987 a 1998 tentaram aprovar a sucralose nos EUA sendo reprovado pelo FDA. Após 11 anos comprovando que era um veneno, acabou sendo aprovada e é hoje o adoçante mais vendido nos USA, com o nome *Splenda*.

Está na fórmula de todos os chicletes.

Sua produção é altamente poluente para o meio ambiente. Onde existem fábricas de Sucralose é comum pessoas adoecerem em torno.

ASPARTAME

Entrou no mercado no mesmo ano em que tiraram do mercado o Ciclamato, em 1969. Surgiu a partir de um remédio para úlcera.

O que CAUSA:

Aumenta o apetite.
Aumenta a leptina - leptina causa resistência à insulina.
Piora a diabetes.
Aumento de peso.
Lesão cerebral.
Retardo mental. Baixa o QI da pessoa.
Altamente Cancerígeno.
Distúrbios de comportamento.
Insônia.

O aspartame é formado por 3 coisas:

Éster Metílico (10%), ácido Aspártico (40 %) e Fenilalanina (50%).

Éster metílico (10%)

Quando esquentado e quando passa pelo fígado, vira metanol, esse metanol vai virar formaldeído, que é veneno. O máximo de metanol que uma pessoa poderia ingerir por dia seria 7,8ml, em uma latinha de refrigerante tem 16 ml de metanol (o dobro do permitido).

Ácido aspártico (40%)

Ele vai virar ácido aspártico, que é um neurotóxico, é um veneno para o cérebro. Vai causar distúrbios de comportamento, insônia.

Fenilalanina (50%)

É um aminoácido que pessoas com Fenilcetonuria vão acumular no organismo.

Fenilcetonuria é uma incapacidade de alguns organismos de transformar a fenilalanina em tirosina causando acúmulo. Esse acúmulo no organismo vai causar lesão cerebral. Quando esquentada a fenilalanina vira discetoperasina, que é **cancerígeno**.

Toda vez que for esquentada, como colocar em um bolo, no café, causa câncer.

Existem mais de 6 mil produtos adoçados com aspartame no mercado.
Quando você para de usar, é possível que tenha síndrome de abstinência, como dores musculares, enxaqueca e insônia. Em alguns dias passa.

STEVIA

Estudos indicam **problemas de infertilidade em mulheres** consumidoras de Stevia.

Em geral vem misturada com Aspartame ou Sucralose, raramente vem pura.

Na lista de ingredientes que vêm na embalagem dos produtos, o **açúcar e os adoçantes químicos**aparecem também com os nomes abaixo:

Agave.
Néctar de Agave.
Xarope de Malte de Cevada.
Malte de Cevada
Açúcar de Beterraba.
Açúcar de uva.
Xarope de milho rico em frutose. (HFCS)
Açúcar Mascavo.
Açúcar Mascavo fluído.
Açúcar de Cana.
Açúcar de cana Evaporado.

Açúcar de Alfarroba	Carob Sugar
Caramelo.	Açúcar Refinado.
Castor Sugar.	Sacarose.
Açúcar de coco	Melado de Cana.

Xarope de milho.
Sólidos de xarope de milho.
Dextrina.*
Açúcar Demerara.
Dextrose.*

Açúcar de Arroz.
Açúcar de Confeiteiro.
Frutose.
Concentrado de suco de Frutas.
Glicose.
Sólidos de Glicose.
Açúcar dourado.
Mel.
Glacê.
Açúcar Invertido.
Maltodextrina.

O ideal é evitar qualquer adoçante químico.

Temos hoje o açúcar de tâmaras e o de coco como as opções mais saudáveis.
Eu uso só as tâmaras, passas e bananas para adoçar. Não uso nenhum açúcar dessa lista. Prefiro o gosto natural das frutas mesmo. Se for fazer um bolo, pico algumas tâmaras e /ou algumas bananas e acrescento ou bato junto com a massa. Às vezes coloco passas também. Penso que se algo *precisa* ser adoçado é porque não está no ponto de ser comido por estar verde, ou não será bom comer por colocar minha saúde em risco.

Duas ou três tâmaras adicionadas a bolos, sucos, panquecas, doces caseiros, adoça muito bem e ainda dá cremosidade.

Eu faço um sorvete com uma porção de fruta congelada com 3 tâmaras e fica cremoso e super doce.
Também faço um docinho, que fica com a cara de brigadeiro, que é uma batata-doce e um inhame cozidos e amassados, uma colher de cacau 100%, e 4 ou 5 tâmaras e fica dos deuses.

FARINHA DE TRIGO

Até 1950 as farinhas vinham de um trigo sem adulteração. De lá pra cá o trigo foi geneticamente modificado para resistir às pragas e intempéries, o que resultou em **um alimento altamente inflamatório.**
Em seu livro *Barriga de Trigo,* o cardiologista William Davis afirma que não importa se foi moído em moinho de pedra, se foi feito com grãos germinados, com fermentação natural, ou trigo orgânico, se foi feito à mão em casa, ainda assim é trigo. Ele diz que isso ainda é uma combinação de proteínas do glúten, glutinas e amilopectina, que provoca o quadro de efeitos inflamatórios, exorbitas ativas no aspecto neurológico e níveis muito alto de glicose, exclusivo do trigo.

A indústria alimentícia acrescenta ingredientes como sementes e óleo de linhaça, ou sementes e fibras e o batiza de "saudável para o coração". Só que nenhum ingrediente saudável   consegue anular os efeitos adversos à saúde causados pelo trigo.
Mesmo que contenha sementes e fibras e seja integral, ainda vai elevar o nível de açúcar no sangue, ainda vai causar o acúmulo de gordura visceral, a formação de partículas pequenas de LDL, a liberação de exorfina e reações inflamatórias. Ainda **vai sobrecarregar o nosso fígado.**

Trigo alimenta patógenos no nosso corpo. (Patógenos = aquilo que causará doença no organismo, exemplo: vírus, bactérias e parasitas).
Entope artérias, veias, favorecendo doenças cardiovasculares.
Causa doença celíaca.

Se você tem qualquer doença autoimune, evite comer alimentos feitos à base da farinha do trigo. Ou se tiver os sintomas abaixo, tire a farinha de trigo e seus derivados da sua dieta.

Gastrite.
Gases.
Refluxo.
Coceira na pele.
Dor de cabeça.
Fadiga.
Muco nos ouvidos, nariz, garganta ou fezes.
Inchaço.
Reação à histamina.
Tosse.
Congestão.
Urticária.
Dor de Garganta.
Ondas de Calor (relativas à menopausa).

SABOR NATURAL

Quando você ler "sabor natural" de baunilha, de chocolate, de morango, ou de qualquer outra coisa, saiba que de natural não tem nada.

Trata-se de MSG, uma neurotoxina que se acumula no cérebro e destrói neurônios e células Gliais - as células da Glia têm a função de envolver e nutrir os neurônios, mantendo-os unidos. MSG é extremamente prejudicial ao sistema nervoso central e pode causar danos irreparáveis a nossa saúde. Estão presentes na maioria dos produtos alimentícios. Como molhos prontos, iogurtes, pudins de caixa, gelatinas instantâneas, chás, sorvetes e por aí afora...

Se você tem as seguintes doenças ou sintomas, preste atenção aos rótulos dos produtos alimentícios que está consumindo, e evite a todo custo qualquer um que contenha "sabor natural".

Autismo.
TDAH - Déficit de atenção e Hiperatividade.
Enxaquecas.
Alzheimer.
Demência.   Convulsões.
Parkinson.
Ansiedade.   Depressão.
Qualquer disfunção da Tireoide.
Esclerose Lateral Amiotrófica. - ALS
Degeneração Macular.
Síndrome da perna inquieta. / Espasmos Musculares.
Cãibras nas pernas.
Dor na Mandíbula.

Perdi duas amigas com câncer de mama. Uma com 39 anos, a outra com 40. A filha de outra amiga teve câncer na mama com 29 anos de idade. Perdi outra para o câncer de cólon. Duas mães de amigos próximos de câncer de pulmão, a minha própria mãe se tratou duas vezes contra câncer de pulmão. Minha madrasta também, sem nunca ter fumado um cigarro na vida. Duas outras não morreram, se trataram e seguem, todos com menos de 50 anos.
Os pais de dois amigos perderam suas vidas para o Alzheimer.

Estudando as causas e como prevenir, novamente os alimentos provam seu poder.

Nas próximas páginas, alimentos que combatem e previnem doenças de comportamento. Combatem inflamações que podem ser revertidas e evitadas.
Sabendo o que as causam, temos a chance de escolher o que colocaremos no nosso corpo com mais consciência.

ÓLEO DE CANOLA

Causa sérios danos ao sistema imunológico.
Prejudicando o funcionamento dos órgãos e a saúde intestinal.

Alimenta vírus, bactérias e parasitas.
Corrói todos os revestimentos do corpo.
Desde o revestimento do estômago, do trato intestinal,
das veias, artérias, coração, rins, bexiga, uretra e
revestimento do sistema reprodutor feminino.

Evite consumir esse óleo. É o pior de todos.

Evite também consumir óleo de soja e de milho.
São pró-inflamatórios.
Os melhores óleos, bons para cozinhar, são os de coco, abacate
e gergelim. Os que não perdem suas propriedades quando em
altas temperaturas.

O óleo de oliva use cru, em cima das comidas já prontas, para
dar sabor.

ALIMENTOS ANTI-INFLAMATÓRIOS

São alimentos que, além de nos nutrir, ainda trabalham em nosso benefício. Ajudando a sanar os danos causados por nossas escolhas erradas.

Maçã - com casca vermelha.
Abacate.
Cerejas frescas.
Coentro.
Cebola.
Gengibre.
Alho.
Orégano.
Brócolis.
Cúrcuma, misturada com uma pitada de pimenta do reino.
Repolho roxo e branco.
Couve-Flor.
Couve de Bruxelas.
Espinafre.
Couve Verde.
Chá-Verde.
Mirtilo
Água de coco.

MAÇÃ

Limpa e previne a proliferação de bactérias em nosso intestino.
A pectina de uma maçã se move pelo intestino, coletando e livrando nosso corpo de micróbios como bactérias, vírus, fermentos e mofo.

Aumenta a capacidade digestiva, promovendo perda de peso.

Ajuda a desintoxicar o cérebro do MSG.

Maçãs vermelhas contêm vestígios de flavonóides, rutina e quercidina - fitoquímicos responsáveis pela desintoxicação de metais pesados e radiação.

Expelem proteínas e outros detritos putrefados, que estão escondidos em bolsas intestinais e alimentando colônias de bactérias, como a E. Coli, por exemplo.

Hidratam em um nível celular profundo.

Maçãs **fornecem minerais** como o **manganês, eletrólitos,** e **sais minerais** que **ajudam a reidratar o corpo após exercícios físicos ou qualquer tipo de estresse**.

Se você tem qualquer uma das seguintes doenças ou sintomas abaixo, inclua 3 maçãs por dia na sua dieta.

Vertigem.
Artrite, Gota.
Problemas renais.
Espinhas.
Obesidade.
Fadiga adrenal.
Herpes Zóster.
Ansiedade.
Infecções urinárias.
Diabetes.
Tonturas ou desequilíbrios físicos.
Hipoglicemia.
Refluxo.
Palpitações cardíacas.
Inchaço.
Deficiências minerais.
Síndrome pré-menstrual.
Constipação.
Frozen Shoulder.
Sintomas da Menopausa.

ABACATE

Se você sofre de distúrbios digestivos de qualquer tipo, aposte no abacate.

Fácil de digerir.

Atua como calmante intestinal.

Ajuda a restaurar o revestimento do estômago e do intestino.

Abacates possuem compostos anti-inflamatórios com qualidades semelhantes às da aspirina, sem afinar o sangue. O que reduz o estreitamento e o inchaço do trato digestivo.

Tem propriedades redutoras de pólipos, ajudando a prevenir e eliminar pólipos do revestimento intestinal.

São uma fonte saudável de Ômega-6, ácidos graxos necessários para a saúde do cérebro.

Ajudam a restaurar o sistema nervoso central e aliviar os sintomas de Alzheimer e Demência.

Reduz o ressecamento da pele, proporcionando um brilho saudável.

Tem efeito antienvelhecimento.

Contribui para o desaparecimento de olheiras.

Pode impedir câncer de cólon, útero e ovários, de aumentar.

Se você tem as doenças ou sintomas abaixo, **inclua abacates** nas suas refeições.

Endometriose.
Alopecia.
Fibromialgia.
Herpes.
Transtorno de déficit de atenção e hiperatividade - TDAH.
Autismo.
Depressão.
Insônia.
Problemas na Tireoide.
Pólipos.
Câncer cerebral.
Câncer nos ovários.
Câncer no útero.
Epilepsia.
Hemorroidas.
Ataques de pânico.
Perda de Memória.
Dores de cabeça.
Cãibras.
Formigamento e Dormência.
Dor muscular.
Inchaço e gases.
Cólica abdominal.
Síndrome pré-menstrual.
Erupções cutâneas.

CEREJAS (FRESCAS)

Cerejas desintoxicam, revitalizam, tonificam, rejuvenescem, limpam nosso organismo, especialmente o fígado.

É um alimento anti-inflamatório, portanto anti-câncer.

Limpam a bexiga.

Excelente fonte de Zinco e Ferro.

Ricas em triptofano, lisina e treonina, aminoácidos que atuam em conjunto com o hormônio melatonina, para aliviar o estresse do cérebro e do corpo.

Quando melhorada dessa forma, a melatonina atua como antioxidante protegendo o cérebro contra a doença de Alzheimer, demência e tumores cerebrais.

Seus compostos e agentes fitoquímicos são excelentes para remover a radiação e reparar danos ao nervo da Mielina.

CEREJAS REMOVEM TOXINAS DO ÚTERO E DO RESTO DO SISTEMA REPRODUTIVO, AJUDANDO A REDUZIR MIOMA E CISTOS NOS OVÁRIOS.

Se você tem **<u>Mioma e Cisto nos Ovários</u>**, ou alguma dessas doenças ou sintomas abaixo, **inclua cerejas frescas** na sua dieta.

Ovário Policístico.
Câncer de Bexiga.
Cistos nos ovários.
Alzheimer.
Melanoma.
Câncer de mama.
Autismo.
Diabetes.
Fibromialgia.
Depressão.
Infertilidade.
Alopecia.
Infecção nos rins e bexiga.
Hipertireoidismo.
Danos ao nervo da Mielina.
Perda de memória.
Cortisol alto.
Mau hálito.

COENTRO

Limpa e desintoxica nosso fígado e nosso cérebro.
Limpa o sangue e reduz a febre.

É antibactericida, diurético, expectorante, antiespasmódico.
Anti-inflamatório. Vermífugo. Rico em Potássio. Excelente
para equilibrar a glicemia e reduzir os níveis de ácido úrico pela
metade.

Se você tem algum dos sintomas abaixo, inclua coentro no suco
ou comida todos os dias.

Demência.
Alzheimer.
Depressão.
Ansiedade.
TDAH - Transtorno de déficit de atenção e hiperatividade.
TOC - Transtorno obsessivo compulsivo.
Autismo.
PTSD - Transtorno de estresse pós-traumático.
Mononucleose.
Fibromialgia.
Esclerose Múltipla.
Enxaquecas.
Psoríase.
Infecção Urinária.
Problemas na Tireoide
Dores nos joelhos.
Ondas de calores (relacionados à menopausa).
Coceiras.
Zumbido nos ouvidos.

ALHO

Alho é antiviral.
Antifúngico.
Antibacteriano.
Antiparasitário.
Elimina metais pesados do colón e intestinos.
Proporciona um poderoso reforço imunológico.
Destrói células cancerígenas.

Perfeito para combater:

Resfriados.
Gripes.
Pneumonia causada por bactéria.
Câncer relacionado a vírus.
Infecções na bexiga, Infecção Urinária.
Infecção na Garganta.
Sinusite Crônica.
Infecção por H. Pilori.
Bronquite crônica.
Laringite.
Aftas.
Câncer nos intestinos.
Câncer na próstata.
Câncer no estômago.
Câncer de esôfago.
Doenças da Tireoide.

GENGIBRE

Poderoso anti-inflamatório.
Antibacteriano, Antiviral e Antiparasitário.

Muito eficaz no combate à náusea causada por tratamentos de radioterapia, quimioterapia, náusea da gravidez, e náuseas causadas pelo balanço em barcos e carros.

Eficiente também no combate à enxaqueca e dor de cabeça.

Comparado ao Ibuprofeno, a ingestão de um oitavo de colher de chá de gengibre em pó é tão eficiente quanto 400 miligramas do Ibuprofeno.

Gengibre também reduz a intensidade do fluxo menstrual.

Tomar chá de gengibre diminui os sintomas pré-menstruais físicos e relacionados ao humor e comportamento.

Ajuda a aliviar a tensão e eliminar o excesso de ácido láctico do tecido muscular.

Se você tem as seguintes doenças ou sintomas, inclua gengibre na sua comida, ou no chá.
Pode ser fresco ou em pó.

Estômago embrulhado, cólicas estomacais, dores de estômago.
Distúrbios digestivos.
Gastrites.
Inchaço.
Aftas.

Refluxo ácido.

Arrotos.

Problemas urinários: incontinência, retenção ou frequência.

Sinusite crônica.

Vesícula Biliar - espasmos, dores.

Alergias a comidas.

Resultados anormais de Papanicolau.

Diarreia.

Náusea crônica.

Colesterol alto.

Tosse.

Congestionamento.

Fadiga.

Insônia.

Apneia.

Artrite reumatoide.

Herpes Zóster.

Câncer (todos os tipos, especialmente câncer de Pâncreas e de Tireoide).

Doença Celíaca.

Mononucleose.

Resfriados e gripes.

Cálculo Biliar.

Psoríase.

CEBOLA

Um coringa da farmácia natural.

Devido aos seus compostos fitoquímicos de enxofre e Alicina, cebolas são um antibiótico natural.

Controlam o crescimento bacteriano no corpo.

Expulsam os vírus e ainda limpam nosso organismo da exposição à radiação, DDT e outros pesticidas, herbicidas e metais pesados tóxicos.

O enxofre das cebolas as torna um remédio natural maravilhoso para aliviar dores nas articulações.
Reparar tendões e tecidos conjuntivos.

Seu teor de enxofre retarda a perda de ferro.

Ricas em minerais como Zinco, Selênio e iodo.

Protegem os pulmões.

Ajudam a rejuvenescer a pele.

Acalmam o trato intestinal, desinflamando os intestinos, ajudando a curar úlceras e a eliminar o muco nas fezes.

Se você tem as doenças ou sintomas abaixo, aumente o consumo de cebolas, incluindo pelo menos umas duas cebolas inteiras nas suas refeições todos os dias.

Refluxo Gastroesofágico.
Enfisema.
Câncer nas mamas.
Câncer nos ossos.
Câncer na próstata.
Diverticulite.
Conjuntivite.
Infecção nos ouvidos.
Rosácea.
Inflamação nos tendões.
Inflamação nas articulações.
Deficiência de ferro.
Aftas.
Azia.
Mãos e pés frios.
Circulação ruim.
Gastrites.
Dor nos joelhos.
Pele seca.
Baço aumentado.
Calores relativos à menopausa.

BRÓCOLIS

Brócolis têm propriedades anti-inflamatórias, que podem ser comparadas com a quimioterapia, sem os efeitos colaterais da quimio.
O que quer dizer que retarda o crescimento de células cancerígenas, e dependendo do estágio do câncer, até reverte, combatendo o câncer completamente.

Inclua duas a três porções de brócolis, diariamente, na sua dieta, se você tem câncer. Independente de gostar do sabor ou não. Com certeza ninguém gosta do gosto amargo da quimio. Encare os vegetais crucíferos como remédio, caso o sabor lhe seja desagradável. Pois muito mais desagradável serão os efeitos da doença e seus tratamentos químicos.

Brócolis é um multivitamínico, multifuncional para o corpo todo. Contém nutrientes que fortalecem todos os sistemas do corpo, incluindo o sistema imunológico.

O sulforafano, componente que se forma nos vegetais crucíferos, faz dos brócolis um remédio potente, oferecendo um pouco de tudo o que cada órgão, glândula, nervo do nosso corpo precisa, para funcionar em perfeito equilíbrio.

Brócolis reduz o risco de progressão de câncer na próstata.
Protege o cérebro.
Protege a visão.
É um agente anticâncer, prevenindo a metástase de cânceres e danos ao DNA.
Ajuda a tratar o Autismo.
Ajuda a evitar o Linfoma.

Reduz inflamações decorrentes de alergias, nas vias nasais.
Ajuda a controlar a Diabetes tipo 2.
Aumenta a taxa das enzimas que desintoxicam o fígado.
Limpa os rins.
Eficaz na supressão da capacidade das células-tronco do câncer de mama de formar tumores.

Os pesquisadores da Universidade Johns Hopkins na Harvard entendem que o **Sulforafano** - encontrado quase que exclusivamente nos vegetais crucíferos - como os **Brócolis**, couve-de-bruxelas, couve-flor, repolho-roxo - **funciona como desintoxicante em nosso organismo**.

Consumindo cru, os benefícios são potencializados.
O mesmo acontece se o picarmos 40 minutos antes do consumo.

Eu uso muito em sucos. Bato com frutas e uma ou duas tâmaras ou banana para adoçar.

O suco só fica verde, não alterando em nada o gosto das frutas. Boto também o repolho cru, e couve, alternando ou, às vezes, um pouquinho de cada no mesmo suco.

Geralmente bato com água, ou com leite de amêndoas feito também na hora (10 unidades de amêndoas batidas com um copo de água). Às vezes só jogo as amêndoas dentro do suco mesmo.

A banana e as tâmaras garantem o sabor doce, mantendo o das outras frutas e não se percebe o dos vegetais.

COUVE

Um dos alimentos de maior densidade nutricional que existe.

Combate infecções.
Tem a capacidade de estimular a produção de anticorpos.
Seus nutrientes possuem propriedades antibacterianas.

Funciona bem tanto cozida como crua.
Cozinhar no vapor ou adicionar em sopas extrai suas propriedades medicinais e seus nutrientes, que atuam como um antibiótico.

Rica em Zinco.
Rica em vitamina A, B, C, E e K.

COUVE-FLOR

Um coringa para o sistema endócrino.

Contribui para o bom funcionamento da tireoide.
Ajuda a evitar os vírus que causam a Tireoidite.

Rica em vitamina A, B, C, E, e K.

Combinada com algas marinhas se transforma em um poderoso desintoxicante.

COUVE DE BRUXELAS

Carregada de nutrientes que atuam no suporte às articulações.
Além de:

Atuar na reversão da osteoporose.
Ajudar a reduzir o colesterol ruim e aumentar o colesterol bom.
Purificar o fígado.
Purificar o baço.
Purificar o sangue.

Assim como a couve verde, a couve-flor, o repolho roxo e o repolho verde, a Couve de Bruxelas também é excelente no combate aos cânceres de:

Ovários.
Útero.
Mamas.
Intestinos.
Pulmão.
Restaura os tecidos dos pulmões, estimulando sua regeneração e crescimento.

Rica em vitaminas A, B, C, E e K.

REPOLHO

Muito bom para a saúde das articulações e reverter a Osteoporose.

Recupera, rejuvenesce, cicatriza os tecidos do fígado.

Excelente fonte de vitamina A, B, C, E e K.

CHÁ VERDE

Rico em polifenóis, como as catequinas, que reduzem o crescimento de novos vasos necessários ao crescimento de tumores e metástases.

É um preventivo contra o câncer.

É um poderoso antioxidante.

Um poderoso desintoxicante, ativa as enzimas do fígado que eliminam as toxinas do organismo.

Faça uma infusão de pelo menos uns 8 minutos para a completa liberação das catequinas.

ÁGUA DE COCO

Néctar dos Deuses.
A melhor fonte de hidratação.

Rica em cálcio, Magnésio e Potássio.
Uma das melhores fontes de potássio.

Rica em antioxidantes, nutre e tonifica a pele.

Ajuda a prevenir pedra nos rins.

Ajuda a baixar a pressão de quem tem histórico de pressão
alta.
Ajuda a regular os níveis de colesterol.

Ajuda a regular os níveis de açúcar no sangue, sendo uma
grande aliada para melhorar os sintomas da Diabetes.

No caso da impossibilidade de amamentar, o melhor substituto
para o leite materno, quando fresca, tirada diretamente do coco
verde.

Pra mim, água tirada do coco na minha frente é a melhor
bebida dessa vida, seguida pelo suco de laranjas espremidas na
hora...

ESPINAFRE

Muito rico em nutrientes, fibras, proteínas, vitaminas e minerais.

Rico em Ferro, Potássio, Cálcio, Magnésio, Cobre, Manganês, Folato.

Rico também em vitamina C, A, E, K, B6.
A vitamina K ajuda nossos ossos a absorver o cálcio.

Uma fonte de **antioxidantes**, ajuda a reduzir inflamações diversas.

É também uma fonte natural de nitratos, que abrem os vasos melhorando o fluxo sanguíneo.

Melhora a saúde do cérebro.
Nos protege contra o declínio cognitivo.
Protege de problemas no coração.

Protege de problemas nos olhos, reduz o risco de catarata.

Ajuda a controlar a pressão arterial.

O melhor jeito de consumir é refogar uns minutinhos a metade da porção e misturar com a outra metade crua. Para preservar a luteína.

Se for fazer um *smoothie*, bata com água. Não use leites, nem animal nem vegetal, porque o cálcio pode afetar a absorção do Ferro.

ORÉGANO

Tem propriedades anti-inflamatórias. Rico em antioxidantes.

Excelente no combate à infecção de ouvidos e sinusite.

Minimiza a possibilidade de úlceras e de infecções na garganta.

Muito bom para matar bactérias como H. Pilori, E. Coli e Streptococo.

Tem a capacidade de suprimir o crescimento de células cancerígenas.

O óleo de orégano é um potente antibactericida, muito eficaz no combate a micoses.

E em matar a bactéria E. Coli, que causa Diverticulite e Diverticulose.

MIRTILO

A fruta que oferece mais antioxidantes.

Faz muito bem ao cérebro.

Excelente fonte de Zinco, Selênio, Ferro, Potássio, Magnésio e Cálcio.

Um dos alimentos mais efetivos para desintoxicar nosso organismo dos metais pesados.

Se você tem:

Cistos no ovário, menstruação desregulada,
Colesterol alto,
Tumor benigno no cérebro,
Parkinson,
Déficit de atenção e Hiperatividade (TDAH),
Câncer de próstata,
Câncer de ovários,
Esclerose Múltipla,
Problemas na tireoide,
Fibromialgia,
Infecção na Bexiga,
Diabetes,
Dores nos Joelhos,
Problemas de coração.

Inclua essa frutinha na sua dieta e veja os resultados!

VEGETARIANA OU VEGANA?

Alguns dias depois da minha cirurgia, conversei com uma pessoa muito mais evoluída do que eu sobre o que tinha acabado de acontecer comigo.
Eu sabia que tinha uma forte lição ali, várias fichas foram caindo durante o processo todo, mas ainda não tinham caído todas.
Diante de algumas indagações minhas, ela me disse:
"Teu corpo não aceita mais se alimentar do sofrimento de outro ser vivo."
Aquilo fez total sentido. Eu sempre precisei enxergar o sentido das coisas para acreditar nelas.
Sentido vem do sentir... e quando a gente sente, a gente entende mais rápido do que quando só coletamos e acumulamos os conhecimentos mentalmente. Dessa vez não precisei ver. Eu senti.

Quando decretaram a pandemia em Los Angeles, por um ano inteirinho fecharam absolutamente todos os restaurantes da cidade. Eu só sabia cozinhar coisas que já não comia mais. Fecharam também as lanchonetes e os buffets de saladas do supermercado *WholeFoods*, que me salvavam quando precisava de comida pronta fresca. Não tive outra alternativa se não a de aprender a cozinhar. Tempo não faltava, tudo estava fechado na cidade, fora os supermercados e farmácias.
Ao procurar receitas online me deparei com várias receitas veganas, o que foi de muita ajuda, pois algumas substituições me abriram a cabeça para ingredientes e combinações que eu nunca tinha experimentado antes, e fui descobrindo sabores que me surpreenderam.

Aprendi a fazer arroz, **lentilhas, feijões, grão de bico, quinoa,** que são **os legumes mais ricos em proteínas que se pode ingerir**.
Muito mais do que as carnes de animais. E que se prestam para fazer tanto receitas doces quanto salgadas. E como são versáteis. Ficam gostosos quentes, misturados a outros grãos e vegetais e ficam igualmente gostosos frios, misturados com legumes e verduras em saladas variadas.

As possibilidades de pratos diferentes são tantas, com a variedade de legumes, verduras, grãos, sementes e frutas que existem, que me surpreende muito quando ouço pessoas perguntando o que eu vou comer se pararem de comer animais.
Me impressiona mais ainda quando as ouço dizerem que não têm condições financeiras para adotarem uma alimentação vegana. Não tenho conhecimento de que exista algum lugar no mundo onde carnes, queijos, leites e seus derivados sejam mais baratos do que legumes, verduras e frutas.

Eu mesma senti no bolso a diferença, quando parei de comprar produtos de origem animal, meu orçamento caiu de $500.00 por semana para $100.00 e com a geladeira lotada de verduras, legumes e frutas. E a dispensa lotada de todos os grãos comestíveis. No Brasil, passou de R$1000.00 para R$200.00 por semana, quando parei de comprar produtos de origem animal e industrializados com mais de 3 ingredientes (uma regra de consumo pessoal minha).

Se comermos só arroz com feijão ou lentilhas, legumes, verduras e frutas para o resto da nossa vida, seremos mais saudáveis do que comendo carnes de qualquer espécie, mesmo que em pouca quantidade.

Em busca de substituições para as receitas tradicionais que levavam farinha de trigo e manteiga - combinação que me causava inchaço no abdômen e muita dor de cabeça - acabei assistindo inúmeros vídeos e documentários que mostravam a realidade de como a maioria dos animais são criados e abatidos. Todos muito esclarecedores e estarrecedores.

Um documentário em particular - **Seaspiracy** - onde mostram peixes com piolhos sendo lavados com químicos altamente cancerígenos, além de carregarem na carne quantidades altíssimas de mercúrio, o que também causa inflamações no nosso organismo - sendo exportados para metade do mundo, inclusive abastecendo os mercados dos EUA e Brasil, me foi suficiente para nunca mais sentir vontade de colocar um peixe na boca.

Dei adeus aos restaurantes Japoneses e aos peixes em geral de um dia para o outro literalmente.

Já tinha passado pela sua cabeça que peixes pudessem ter piolhos?
Antes desse eu tinha assistido o filme "My Teacher Octopus" (Meu professor polvo) onde um cinegrafista filma um polvo todos os dias por um ano, mostrando que o polvo, pasmem, tem memória e demonstra afeto, abraçando o fotógrafo quando se despede dele. Nunca mais comi um polvo depois de assistir esse filme.
O mesmo aconteceu com os ovos. O documentário que me abriu os olhos foi o **Super Size Me 2.**
Não era só mais o tanto de hormônios e antibióticos produzindo inflamações e alimentando bactérias ruins em meu organismo que me motivava, mas a evidente violência a que

milhares de aves são submetidas para perpetuar tradições alimentares absolutamente inflamatórias e nada saudáveis. Mais um passo, vegetariana estrita agora.
A princípio a transição para uma alimentação vegetariana começou pelos benefícios em minha própria saúde.

**A alimentação à base de plantas regulou meu organismo todo, e ainda perdi peso.
Nunca mais a balança alterou. Nunca mais as calças jeans ficaram apertadas. Meu intestino passou a funcionar super bem, e nunca mais tive prisão de ventre, ou gastrites.**

O que poderia ser melhor do que isso?
A certeza de que não é necessário machucar, submeter, torturar ou privar outro ser vivo de seu direito à vida, pelo meu prazer, ou pela minha saúde. Foi como um despertar tardio, bem tardio, mas que graças a Deus aconteceu.
Foi um documentário atrás do outro e vieram os que mostravam os abusos aos animais para o uso de seu couro, sua pele, suas penas, para suprir as demandas da indústria da moda. Outro choque.
Não é que usassem a pele porque já tinham usado a carne e como iria para o lixo mesmo, seria aproveitada para fazer casacos e tapetes com os pedaços... não.
Centena de milhares de animais são abatidos <u>todos os dias</u> para virarem sapatos, cintos, carteiras, bolsas e roupas. Foi quando entendi a diferença entre ser vegetariano e vegano.
Vegetariano é o que não come nada de origem animal porque sabe que não é bom para sua saúde física. O Vegano é a pessoa que não consome qualquer produto de origem animal por respeito a esses seres incrivelmente dóceis e inteligentes e seu direito à vida.

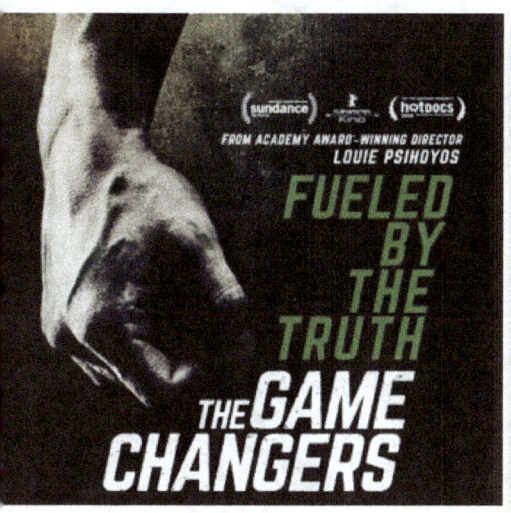

VEGANISMO NÃO É UMA ESCOLHA PURAMENTE ALIMENTAR

Os veganos são criaturas humanas que se recusam a compactuar com a violência contra os animais, dizendo não ao consumo de qualquer produto, seja alimentício, de vestuário, cosmético, ou farmacêutico, resultado dessa exploração, por mais gostosos ou atraentes que eles sejam.

Quando comecei a ver **os documentários** de como é a realidade da curta vida das vacas leiteiras, que são separadas de seus filhotes duas horas depois de seu nascimento, me doeu na alma. É um holocausto sendo financiado e patrocinado pelos consumidores iludidos do mundo inteiro.

É tortura, maus tratos, egoísmo, maldade, por gula, por dinheiro, por ganância, pela falta de consciência, de empatia, de amor, por ignorância, por acreditar que esses produtos, de fato, são indispensáveis para a nossa saúde.

Eu me repetia mil vezes que se soubesse disso tudo antes teria parado de comer animais e seus subprodutos muito antes. Mas como milhares de pessoas por aí afora, eu também não queria saber. Essas informações todas estão à nossa disposição há muitos anos. Eu nunca prestei atenção pelo lado deles.

Queria mesmo era comer todos os doces e queijos possíveis e acreditar que não me fariam mal só porque eram muito gostosos. E que não faria mal ao outro ser vivo também, porque afinal era só o leite delas... já que a carne eu me orgulhava de não comer há muitos anos.

Eu me orgulhava por saber que minha saúde estava garantida,

não exatamente por pensar na vida desses outros seres.
Mas a mudança aconteceu, um click em um momento que não
sei precisar exatamente quando.
Hoje posso afirmar que não sinto mais a menor vontade de
comer nada de origem animal.

Nem de substituir por produtos que se pareçam com, como
esses hambúrgueres, ou queijos veganos, embora já os tenha
provado e são deliciosos. Sem dúvidas funcionam para a
transição.
Para quem acredita que "não consegue viver sem queijos", por
exemplo, há queijos veganos que têm a mesma textura e sabor
dos feitos com leite animal, e fica muito difícil apontar qual é
qual, se você não souber qual deles está comendo. O mesmo
vale para os *burguers*.

Hoje não é mais só pela minha saúde que não como animais,
ou seus subprodutos alimentícios, que não compro mais
casacos do seu couro, pele, ou suas penas. Hoje é por eles. Por
esses seres que merecem meu amor, minha consideração, meu
respeito.

**Se eu não comeria carne de gato, ou de cachorro,
como achar normal comer a de um bezerro, de uma
vaca, cavalo, galinha, ovelha? Não estamos mais na
idade das cavernas, não precisamos caçar para
sobreviver. Eles não foram "inventados por Deus para
saciar nosso paladar".
A idade da pedra está muito distante da nossa
realidade atual.
Empatia é o que se precisa ter. Mudanças são
necessárias para que a evolução aconteça.**

Em visita a um santuário de animais em São Paulo, no Brasil, o Santuário Vale da Rainha, pude ver e sentir de perto o que meu coração tem sinalizado nos últimos anos:

Que não é "normal" comer animais, que isso é coisa de selvagens. Que eu não sou anormal por pensar e sentir assim. Vi que não estou sozinha nesse sentimento.
Que já existe muita gente que não se nega a enxergar essa realidade. Que se dedicam a transmitir os conhecimentos necessários à promoção do respeito à vida animal.

Senti uma gratidão imensa pela existência delas.
Como eram em sua maioria pessoas bem mais novas do que eu, me deu uma forte esperança que as próximas gerações possam mudar essa história de horrores, que se esconde atrás das indústrias que exploram os animais.

O veganismo é uma escolha pelo outro, não só pela nossa própria saúde, mas por respeito aos outros, tenham eles a aparência que tiverem. Tenham eles duas ou quatro patas.

O questionamento agora é: Como podem falar em amor ao próximo, ou a Deus, criaturas que não conseguem respeitar os outros seres com os quais dividem este planeta?

SEGREDINHO PARA ALCALINIZAR
O CORPO

O PH do nosso sangue é 7,5. E que o ideal é que nosso corpo também tenha esse PH de 7,5 ou mais.
Quanto mais alto o PH do nosso corpo, melhor é a oxigenação das nossas células e menor a sua oxidação.

Oxidação significa envelhecimento, inflamação, doenças.

Uma alimentação saudável é composta por cereais, legumes, raízes feculentas, verduras, frutas, e sementes oleaginosas.
O segredo para evitar a oxidação está na combinação desses alimentos.

Mesmo que a gente se alimente bem, algumas combinações favorecem a fermentação, a formação de gases, resultando na oxidação das nossas células. O que promove seu envelhecimento e a inflamação.

Essa combinação dos alimentos supostamente alcaliniza nosso organismo, matando as células doentes, prevenindo o envelhecimento e promovendo nossa saúde.

Cereais - Verduras - Oleaginosas
Feculentas - Verduras - Oleaginosas
Legumes - Verduras - Oleaginosas
Frutas - Cereais - Oleaginosas

Outra parte desse "segredo" é evitar comer logo antes de dormir. O ideal é que a última refeição seja pelo menos 3 horas antes de ir deitar.

Pra dar tempo de a digestão ser completada. Estou testando essas combinações, nesse momento da minha vida, pra ver o que de fato pode mudar.

A GENTE COLHE O QUE PLANTA

Se a gente não plantar, não vai colher, vai ter que comprar.
Vamos ter que comprar o que outros plantaram, do jeito deles,
com a energia deles, e dificilmente teremos certeza do que esse
outro colocou ali dentro.

Isso vale pra tudo. Da comida aos nossos sentimentos. De
relações de trabalho às familiares.
Se você é rude com as pessoas vai atrair para sua vida rudeza
nos relacionamentos.
Se você é muito confuso, vai atrair pessoas confusas ou
situações que geram confusão.
Se passar anos inflamando seu corpo, seja com comida ou
sentimentos errados, não se surpreenda quando a doença
aparecer.
Nem culpe a genética, o acaso, ou a vontade de Deus.

O mundo está acelerado, os avanços tecnológicos cada vez mais
incríveis e muitos seres humanos fazendo questão de manter-
se agarrados a tradições comportamentais e culinárias de 100,
200, 300 anos atrás.
Resistindo a mudanças, mesmo diante de evidências de que o
novo lhes faria bem.
Muitos sentem orgulho em preservar sua natureza selvagem.
O que eu entendo como medo. Medo da mudança, do diferente.
Medo de **se** escolher ou de escolher preservar o outro quando
temos a chance.
Se orgulhar em manter tradições significa dificuldade de se
abrir às infinitas possibilidades que a vida nos oferece todos
os dias.
Tradição é contrária à evolução.

É o endosso a hábitos, comportamentos e regras antigas.
Tradição = estagnação.

Durante a Pandemia o que mais se ouvia era pessoas desejando
"voltar ao normal". Foram raros os que conseguiram ver que
certas mudanças são irreversíveis, que é bom que seja assim,
que mudança significa evolução.

Situações assustadoras vão sempre existir em nossas vidas.
Na minha, foram vários os momentos em que me sentei no
chão e chorei bem alto, torcendo para que ninguém na casa ou
um vizinho me ouvisse, ao mesmo tempo torcendo para que
um ET ou espírito do além materializasse bem ali na minha
frente, para me adiantar respostas, para me resgatar e levar "de
volta pra casa", ou ao menos me acalmar com um abraço bem
carinhoso e me lembrar do porquê mesmo escolhi estar aqui.
E o porquê ainda estou aqui...
Até entender que, enquanto as lições estão em curso, eles não
vêm. Que estamos aqui para errar mesmo. Pra aprender com os
erros, e transcender quando estivermos enfim
prontos.

Mas que enquanto estivermos aqui, seja lá pelo motivo que for,
escolher com cuidado o que colocamos no nosso corpo, é sinal
de bom senso, é nos capacitarmos, nos fortalecermos, para essa
luta diária a que todos estamos submetidos.

O mesmo vale para o olhar pra frente, para o desapegar antigos
costumes, antigas necessidades de aprovação, desapegar do
desejo de ser como todo mundo, e do medo de pensar e
experimentar diferente.

Seja único.
Seja ímpar.
Seja o que sua alma te sopra no ouvido.
Seja bom.
Sobretudo consigo mesmo.

MEDICAL MEDIUM
CELERY JUICE
THE MOST POWERFUL MEDICINE OF OUR TIME
HEALING MILLIONS WORLDWIDE

ANTHONY WILLIAM
#1 New York Times Best-Selling Author of Life-Changing Foods and Liver Rescue

MEDICAL MEDIUM
LIVER RESCUE
ANSWERS TO ECZEMA, PSORIASIS, DIABETES, STREP, ACNE,
GOUT, BLOATING, GALLSTONES, ADRENAL STRESS, FATIGUE,
FATTY LIVER, WEIGHT ISSUES, SIBO & AUTOIMMUNE DISEASE

ANTHONY WILLIAM
#1 New York Times best-selling author of Life-Changing Foods and Thyroid Healing

BY THE AUTHOR OF THE NO.1 NEW YORK TIMES
BESTSELLER GRAIN BRAIN

*The Power of Gut Microbes to Heal and
Protect Your Brain — for Life*

BRAIN MAKER

DR DAVID PERLMUTTER
with KRISTIN LOBERG

NEW YORK TIMES BESTSELLER

*Detox Your Mind
for Clearer Thinking, Deeper Relationships,
and Lasting Happiness*

BRAIN WASH

DR DAVID PERLMUTTER
AUTHOR OF THE #1 NEW YORK TIMES
BESTSELLER GRAIN BRAIN
DR AUSTIN PERLMUTTER

LOSE THE WHEAT, LOSE THE WEIGHT,
AND FIND YOUR PATH BACK TO HEALTH

WHEAT BELLY
WILLIAM DAVIS, MD

MEDICAL MEDIUM
CLEANSE TO HEAL
HEALING PLANS FOR SUFFERERS OF ANXIETY, DEPRESSION, ACNE, ECZEMA, LYME,
GUT PROBLEMS, BRAIN FOG, WEIGHT ISSUES, MIGRAINES, BLOATING, VERTIGO,
PSORIASIS, CYSTS, FATIGUE, PCOS, FIBROIDS, UTI, ENDOMETRIOSIS & AUTOIMMUNE

ANTHONY WILLIAM
#1 New York Times Best-Selling Author of Liver Rescue and Celery Juice
FOREWORD BY ILANA RABINOWITZ-AMEN, M.D.

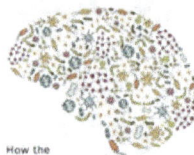

THE
Mind-Gut
CONNECTION

How the
Hidden Conversation
Within Our Bodies Impacts *Our Mood,
Our Choices, and Our Overall Health*

Emeran Mayer, MD

*"This book provides everything you need to craft a nutritional
programme focused on optimising brain health and performance."*
David Perlmutter, MD, author of Grain Brain and Brain Wash

THE
FOOD MOOD
CONNECTION
AN INDISPENSABLE GUIDE
TO THE SURPRISING FOODS
THAT FIGHT:

DEPRESSION   OCD
ANXIETY   ADHD
TRAUMA   AND MORE

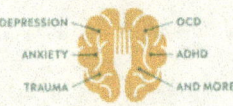

UMA NAIDOO, MD
Nutritional Psychiatrist at Harvard Medical School

COMPLETELY REVISED AND UPDATED
#1 NEW YORK TIMES BESTSELLER
*The Surprising Truth About Wheat, Carbs,
and Sugar — Your Brain's Silent Killers*

GRAIN BRAIN

DAVID PERLMUTTER, MD
Author of Brain Maker

The Scientific Approach to Getting
Healthier as You Get Older

HOW
NOT
TO
AGE

MICHAEL GREGER, M.D., FACLM
NEW YORK TIMES BESTSELLING AUTHOR OF HOW NOT TO DIE
AND HOW NOT TO DIET

FOREWORD BY DR. GREGER'S ANTI-AGING EIGHT
FOR LONGEVITY AND VITALITY

MEDICAL MEDIUM
THYROID HEALING
THE TRUTH BEHIND HASHIMOTO'S, GRAVES', INSOMNIA,
HYPOTHYROIDISM, THYROID NODULES & EPSTEIN-BARR

ANTHONY WILLIAM
#1 New York Times Best-Selling Author of Cleanse to Heal and Life-Changing Foods
FOREWORD BY PRUDENCE HALL, M.D.

THE ESSENTIAL NEW YORK TIMES BESTSELLER

Why We Sleep

UNLOCKING THE POWER OF SLEEP AND DREAMS

Matthew Walker, PhD

MATTHEW
WALKER

Por que nós dormimos

A nova ciência do sono e do

Matheus Macêdo

OS 4 PILARES DA SAÚDE

Como a medicina milenar do Ayurveda já ajudou
milhões de pessoas e também pode ajudar você

academia

NUTRINDO SEUS SENTIDOS
RECEITAS AYURVÉDICAS PARA
ENCONTRAR O EQUILÍBRIO

laura pires

Dr. Guilherme de Azevedo Klievel

Comer e emagrecer é mais simples do que se imagina

DIETA NOTA 10

DIETA & CIA

HOW TO SURVIVE A PANDEMIC

MICHAEL GREGER, MD

NEW YORK TIMES BESTSELLING AUTHOR OF *HOW NOT TO DIE*
AND FOUNDER OF NUTRITIONFACTS.ORG

Laura Pires

O sabor da harmonia

Receitas Ayurvédicas para o bem-estar

REFERÊNCIAS BIBLIOGRÁFICAS

Esses livros eu recomendo por serem os mais objetivos, para quem não é médico ou não tem paciência para pesquisar muito.
Eu li e reli em diferentes fases da minha vida. Eles foram absolutamente úteis e fonte da maioria das informações que compartilhei aqui com vocês. Recomendo para quem desejar se aprofundar, e tirar suas próprias conclusões.

Anticâncer - David Servan-Shreiber.

Brain Wash - David Perlmutter, M.D.

Brain Maker - David Perlmutter, M.D.

Barriga de Trigo - William Davis, M.D.

Cleanse to Heal - Anthony William.

Drop Acid - David Perlmutter, M.D.

Fiber Fueled - Will Bulsiewicz, M.D.

Grain Brain - David Perlmutter, M.D

Health and Healing - The Philosophy of Integrative Medicine - Andrew Weil, M.D.

How Not to Die. - Michael Greger, M.D.

How Not to Diet - Michael Greger, M.D.

How to Survive a Pandemic - Michael Greger, M.D.

How Not to Age - Michael Greger, M.D. FACLM

Life Changing Foods. - Anthony William.

Liver Rescue - Anthony William.

O Céu da Boca - Guia de Nutrição para o corpo e consciência – Marise Berg.

Sugar Blues - O Gosto Amargo do Açúcar. - William Dufty.

Super Gut - William Davis, M.D.

The Coconut Miracle - Bruce Fife, C.N.,N.D.

The Plant Paradox - Steven R. Gundry, M.D.

This is your Brain on Food - Uma Naidoo, M.D.

The Food Mood Connection - Uma Naidoo, M.D.

The Mind-Gut Connection - Emeran Mayer, M.D.

The Wheel of Healing with Ayurveda - Michelle S. Fondin.

The Healthiest Diet on the Planet - DR. JoHn McDougall.

The Food Fix - Mark Hyman, M.D.

The Mind-Gut-Immune Connection - Emeran Mayer, M.D.

Why We Sleep - Matthew Walker, PhD.

What Are You Hungry For? - Deepak Chopra, M.D.

SOBRE A AUTORA

Nascida no Rio Grande do Sul, Daniela Escobar iniciou a carreira de atriz no Rio de Janeiro aos 19 anos. Por décadas, trabalhou na maior rede de TV da América Latina - a TV Globo.

Daniela trabalhou em dezenas de séries de TV e cinema, com destaque mundial para a novela "O Clone". Ela é cidadã Americana, morou em Los Angeles de 2006 a 2023, e atualmente reside na Flórida.

A carreira dela foi de muito sucesso, até que as alergias e outras mazelas começaram a atrapalhar. A necessidade de mudança surgiu e abriu um caminho novo: estudar as causas das doenças que mais matam no mundo hoje. Ela se formou como *Health Coach*, e há três anos também trabalha com isso, focando na prevenção através da alimentação e da mudança de hábitos.

Para que suas pesquisas ganhassem voz, em 2024 ela lançou o primeiro livro em inglês intitulado "Change" pela editora WeBook, de Los Angeles.

Agora, a edição em Português também chega ao Brasil e ao resto do mundo.

www.ingramcontent.com/pod-product-compliance
Lightning Source LLC
Chambersburg PA
CBHW071716120626
46550CB00001B/255